儘田 徹
MAMADA Toru

はじめて学ぶ

社会調査

リサーチ・マインドを磨く8つのレクチャー

慶應義塾大学出版会

はじめに

「社会」とは一言でいうなら人間関係のことであり、「社会調査」はその人間関係についての確かな知識を得るための方法です。初めて社会調査を学ぶ方でも、その手順だけでなく背後にある原理まで理解することができ、「リサーチ・マインド（きちんとした社会調査を行うのに必要なものの見方・とらえ方)」が磨かれる。これが本書のめざすところです。さらに本書には、社会調査の方法論の発展にいくらかでも貢献できたらという筆者の思いも込められています。

現代に生きる私たちは、社会（人間関係）というものについて、誰でもいくらかは、あるいは大いに、関心を持っているでしょう。しかし、いまから200年かそれ以上前の時代には、多くの人は何とか日々暮らしていくことで精一杯で、ごく身近な範囲を除けば社会に関心を持つのは難しかったと思われます。そういう状況の中で社会に最初に関心を持ったのは、政治的な支配者たちでした。彼らは、例えば徴税や徴兵のように、自分たちに必要なものを支配下にある人々から得る必要があり、そのためには支配地域の人口や土地からの収穫量などを知る必要があったわけです。

こうして社会調査は、今日的な言葉でいうなら行政調査として始まったのです。しかし近代化にともなって、いわゆる「科学」が発達してくると、社会調査にも「科学」の基準である「真理」が持ち込まれます。つまり、社会調査によって「真理」という「確かな」知識を得るためには、「科学」的な手順や原理にしたがわなければならなくなったのです。

現在でも、国勢調査などの行政調査は盛んに行われています。さらに、マスメディアによる世論調査、企業によるマーケティング調査など、「科学」的研究が目的ではない社会調査もたくさん行われています。しかしそうした調査でも、調査結果を「確かな」もの（真理）と主張するためには、研究目的の社会調査と同じ手順や原理にしたがうしかないのです。

そのような手順や原理を理解することのメリットは、主に2つあると思います。1つは、それらにしたがっていない（つまり非科学的な）社会調査の結果にだまされにくくなること、そしてもう1つは、卒論や仕事などで社会調査を行う必要があるときに役立つことです。

気になった方もいると思いますが、ここまでは「科学」「真理」「確かな」といった言葉を、カッコをつけて使いました。それは、今日までに「科学」というものについての見方（科学観）がかなり変化してきており、これらの言葉もその変化を意識しつつ使う必要があることに注意を促すためです。そこで、本書を構成する8つのレクチャーの第1講で、科学観の変化について手短に解説することにしました。

第2講では、社会調査とその関連領域でよく使われる言葉の意味を解説します。お急ぎの場合、第1講は後回しにしても問題ありませんが、ここで解説される言葉は本書でもよく使いますから、第2講は必ずお読みください。また、辞書的に使いやすいように、付録として言葉の意味のリストも用意しました。

第3講も、社会調査の計画段階に欠かせない文献の使い方や探し方のことが書かれており、外すわけにはいきません。第4講から第7講は、量的・質的データのさまざまな収集方法と分析方法の解説なので、ご自分の計画した社会調査を実施するのに必要な部分を読んでいただければ、とりあえず用は足ります。また、関連の付録として、質問紙と対象者への説明文書の見本、統計解析ソフトのSPSSの操作手順を加えました。

第8講は社会調査の倫理の話で、とくに後半部分は倫理審査を受ける際には必読です。そして補講では、筆者の研究テーマの1つである社会調査の方法論について、現時点での考えを文章にしてみました。補講ですから、余裕のあるときに読んでみてください。

このほか、論文や報告の構成についての手短な解説と文献案内を付録としました。

このように内容は盛りだくさんですが、どの部分もコンパクトでわかりやすいので、スピーディに読み進められると思います。また、必読部分を特定するには、目次だけでなく巻末の索引もとても役に立つはずです。そしてすべてを読み終えたとき、リサーチ・マインドが磨かれたことを実感していただけるようでしたら、筆者としてこれ以上の喜びはありません。

最後に私事で恐縮ですが、本書を出版できたのは実に多くの方々のおかげです。中でも、かつての筆者の同僚で、現在は聖路加看護大学の中山和弘先生に感謝いたします。先生との共同研究や勉強会で、量的データの収集・分析方法に習熟する機会がなかったら、本書を構想することはなかったでしょう。

また、慶應義塾大学の有末賢先生には、筆者を慶應義塾大学出版会に力強くご推薦いただきました。そして、最初に出版のご相談をし、有末先生にお取り次ぎくださったのが慶應義塾大学の竹村英樹先生です。両先生に改めてお礼申しあげます。

さらに、慶應義塾大学出版会の岡田智武様、綿貫ちえみ様には、編集などの実務面で大変ご尽力いただきました。どうもありがとうございました。

2012 年盛夏

儘田　徹

目　次

はじめに　i

第1講　科学観の変化と社会調査――――1

第1講のねらい　2
1　原型としての経験主義　2
2　実証主義と論理実証主義　2
3　反証主義　4
4　パラダイム論　5
5　パラダイム論以降の科学観―科学知識の社会学、実験室の人類学―　6
6　社会調査の科学としての特徴　7
第1講のまとめ　7

第2講　よく使われる言葉の意味――――9

第2講のねらい　10
1　理論　10
2　概念、定義、指標化　10
3　変数　12
4　尺度　13
5　加算尺度　14
6　信頼性と妥当性　14
第2講のまとめ　16

第３講　社会調査を始めるために――19

第３講のねらい　20
1　社会調査が必要か確認する　20
2　公表されている社会調査データを利用するときの留意点　21
3　社会調査にはどんな方法があるか　22
4　データの収集方法を選択する　23
5　知りたいこと(テーマ)をはっきりさせる―文献の使い方・探し方―　24
第３講のまとめ　26

第４講　量的データの収集方法―質問紙調査―――27

第４講のねらい　28
1　質問紙調査とは　28
2　質問紙調査の種類　28
3　質問紙調査の各方法の特徴　29
4　質問紙調査における対象者の選び方　31
5　サンプリングのための台帳　33
（1）住民基本台帳　33
（2）そのほかの台帳　34
6　サンプリングの主な方法　35
（1）単純無作為抽出法　35
（2）系統抽出法　36
（3）多段抽出法と層化抽出法　37
7　質問紙の作成で留意すべきこと　38
（1）実物の質問紙を参考にしよう　38
（2）既存の尺度を活用しよう　39
（3）ワーディングに注意しよう　39
（4）質問文の並べ方に注意しよう　40

(5) 選択肢の作り方に注意しよう 41
(6) 最大限にプリコーディングされた質問紙を作成しよう 42
(7) できあがったらしっかりチェックしよう 43

8 質問紙の作成以外で留意すべきこと 43
(1) 調査の実施前に準備すべきこと 43
(2) 質問紙を回収するときに必要なこと 44
(3) データの入力とチェックの仕方 45

第4講のまとめ 46

第5講 量的データの分析方法 49

第5講のねらい 50

1 単純集計 50

2 2変数の関連の分析 51
(1) クロス集計 51
(2) 平均値の差と相関係数 53

3 統計的検定 56
(1) 基本的な考え方 56
(2) χ^2（カイ二乗）検定 58
(3) t検定 60
(4) 一元配置分散分析と多重比較 61
(5) 相関係数の検定 62
(6) 対象者が一定数以上のデータについて統計的検定を行う意味 63

4 疑似相関と因果の方向性 64

5 変数のコントロール 66

6 多変量解析 68
(1) 従属変数がカテゴリー変数の場合の多変量解析 68
(2) 従属変数が量的変数の場合の多変量解析 70
(3) 因子分析 72

第5講のまとめ 75

第6講　質的データの収集方法—インタビューと参与観察——79

第6講のねらい　80
1　インタビュー、参与観察、フィールドワーク　80
2　インタビューの種類と特徴　80
3　インタビューにおける対象者の選び方　81
4　インタビューガイドの作り方と使い方　84
5　インタビュー進行上の留意事項　85
6　そのほかの準備　87
7　インタビュー終了後に行うべきこと　88
8　参与観察について　90
第6講のまとめ　90

第7講　質的データの分析方法——93

第7講のねらい　94
1　グラウンデッド・セオリー・アプローチ—B. グレイザー・A. ストラウス『死のアウェアネス理論と看護』を事例として—　94
(1)　『死のアウェアネス理論と看護』の概要　94
(2)　コーディングの方法　98
2　エスノグラフィー的方法—W. ホワイト『ストリート・コーナー・ソサエティ』を事例として—　106
(1)　エスノグラフィー的方法とは　106
(2)　『ストリート・コーナー・ソサエティ』のねらい　106
(3)　分析結果—エピソードと洞察—　107
3　心性史的方法—P. アリエス『〈子供〉の誕生』を事例として—　111
(1)　心性史的方法とは　111
(2)　『〈子供〉の誕生』のねらい　111
(3)　データと分析結果　112

4　エスノメソドロジーの会話分析―秋葉昌樹「保健室のエスノメソドロジー」を事例として―　115
(1)　エスノメソドロジーの会話分析とは　115
(2)　「保健室のエスノメソドロジー」のねらい　115
(3)　データと分析結果　115
第7講のまとめ　118

第8講　社会調査の倫理 121

第8講のねらい　122
1　社会調査と倫理の制度化　122
(1)　社会と社会調査の複雑な関係から倫理へ　122
(2)　倫理の制度化の動き　123
2　倫理原則と倫理審査　124
(1)　5つの原則　124
(2)　有意義さの原則と不利益最小化の原則　125
(3)　説明と同意の原則　126
(4)　説明文書と同意書　127
(5)　依頼文書と承諾書　128
(6)　拒否権保証の原則　128
(7)　プライバシー保護の原則　129
(8)　著作権　131
第8講のまとめ　131

補講　量的データや質的データを分析して何がわかるのか 133
―「対話的構築主義」の観点から―

1　はじめに　134
2　質的データとは何であり、それを分析して何がわかるのか　135
3　量的データとは何であり、それを分析して何がわかるのか　137
4　まとめ　139

付録 1　よく使われる言葉の意味のリスト　143
付録 2　質問紙と対象者への説明文書の見本　144
付録 3　量的データを分析するための SPSS の操作手順　147
付録 4　論文や報告の構成について　152
付録 5　文献案内　153
索　引　155

第1講

科学観の変化と社会調査

第1講のねらい

「はじめに」でも述べたように、今日までに科学というものについての見方（科学観）がかなり変化してきており、そのことが社会調査の科学としての特徴にも影響を及ぼしています。そこで以下では、科学観の変化やその社会調査への影響について、手短に解説します。

1　原型としての経験主義

医療の分野で「evidence-based」という言葉が流行したことがありました。「evidence」は証拠とか根拠ということなので、「根拠のある医療をしよう」というような意味になります。この**「根拠がある」**ということこそ、科学をほかの人間の活動から区別しようとした人たちが最初に考えついた、科学に固有の特徴でした。

高校の倫理の授業などで聞いたことがある人もいるでしょうが、イギリスのフランシス・ベーコンという人が考えた科学の特徴は、**経験によって得られたデータを知識の根拠としている**ということだったのです。このように、**経験をすべての知識の根本とする立場を「経験主義」といいます。**

データとか科学というと、自然科学の実験のようなものをイメージするかもしれません。しかし、例えば人口とか内閣支持率といったデータがそうであるように、データは実験でしか得られないものではないし、実験でも実験以外の方法でも、得られたデータに裏づけられていることが科学では重要です。

2　実証主義と論理実証主義

19世紀になり、経験主義にもとづく科学が大学で教えられたり、科学を応用した技術が人々の生活に大きな影響を及ぼすようになってくると、経験主義を過激にしたような**「実証主義」**という考え方を主張する人々が出てきました。これは、**データにもとづいて確かめられる知識以外の知識を否定する**というものです。その代表者がフランスのオーギュスト・コントという人で、彼は実証主義にもとづいて社会を研究する「社会学」を構想しましたが、実現できませんでした。この構想を引き継いで実現させたのが、エミール・デュルケムの『自殺論』という著作です。この著作の話は、後でもときどき出てきます。

話を実証主義に戻しましょう。20 世紀に入り 1920 年代になると、当時急速に発展した論理学を実証主義に取り込んだ、**「論理実証主義」**という考え方が登場します。これは、**直接観察することで真偽を検証できる命題に基礎づけられていない命題は無意味であり、また、この基礎づけの手続きは論理学の規則にしたがっていなければならない**、とする立場です。といっても意味不明でしょうから、まずは論理学の規則の例として三段論法を取りあげることにしましょう。

三段論法というのは、「A は B である」という命題１と「B は C である」という命題２がともに真（正しい）ならば、「A は C である」という命題３も真（正しい）である、という規則のことです。「命題」という言葉が引っかかるようなら、何らかの説明内容を主張したもの、と思ってください。

この三段論法は、実は私たちが日常的に行っている思考においてもよく使われています。例えば、「彼女は大学生である」という命題１と「大学生は 18 歳以上である」という命題２から、「彼女は 18 歳以上である」という命題３を導くような思考です。

このような日常的な思考ですと、命題１や２の裏づけとなるデータの提示が求められることは滅多になく、「それって本当？」と問い返されたら、新聞や雑誌で読んだとか、テレビで有名人がそういってたとか答えればすむ場合がほとんどでしょう。

しかし例えば、「この地域の住民は塩分摂取量が多い」という命題1と、「塩分摂取量が多い人は高血圧の場合が多い」という命題2から、「この地域の住民は高血圧の人が多い（はず）」という命題3を導くような科学的思考の場合だと、命題1や2の裏づけとなるデータの提示を求められるのが、むしろ当たり前になっているのです。そして論理実証主義の立場では、命題1や2の裏づけとなるデータは、最終的には直接観察できるものでなければなりません。これが「基礎づけ」ということの意味です。

なお、「塩分摂取量が多い人は高血圧の場合が多い」という命題のように、多くの対象にあてはまる科学的説明は、「理論」とか「法則」と呼ばれることがあります。この用語については第2講で詳しく説明します。

3　反証主義

上述の経験主義、実証主義、論理実証主義の考え方は、データによる裏づけ（検証）こそが科学の特徴と考える点では共通しています。しかし、1930年代になるとカール・ポパーという人がこれに異議を唱え、むしろ**データによる反証こそが科学の特徴**だと主張しました。これを**「反証主義」**といいます。

どれほどのデータで裏づけられた科学的説明であろうと、1つでもそれに反する証拠（反証）が出てくればそれは間違っていることになります。このため、仮説がデータによって検証されて真の科学的説明となることなど永遠に不可能であり、むしろ**反証が出てくるたびにそれまでの科学的説明が捨て去られ、反証に対応できる新しい科学的説明が生み出されることこそが、科学というものの特徴**と考えるべきだ、とポパーはいうのです。

ここで注意してほしいことがあります。それは、反証主義においてもデータによる裏づけの重要性が否定されたわけではないということです。

反証に対応できる科学的説明とは、反証となるデータさえもその裏づけとなるような科学的説明ということだからです。

反証主義という考え方は、後述する統計的検定の考え方と相通ずるものがあります。詳しくは第５講「3　統計的検定」「(1)　基本的な考え方」をみていただきたいのですが、検定によって確かめたい命題を否定する命題（「帰無仮説」といいます）を、データによって否定できるかどうかを問うというのが、統計的検定の論理だからです。いいかえますと、検定では「AはBではない」ということがいえないかどうかを問うのであって、それによって確かめられるのは「AはBである」か「AはBではない」かではなく、「AはBではないとはいえない」か「AはBではないといえる」かなのです。ですから、AはBであると同時に、B以外のまだ知られていない何ものかでもある可能性は残り続けるのです。

4　パラダイム論

反証主義に対しては、とくに理論や法則と呼ばれる科学的説明の場合、よほどの反証でない限りその一部が手直しされるだけで、理論や法則の全体が捨て去られることはないという、有力な反論が出されました。この反論の先駆けとなったのが、1960年代に『科学革命の構造』という著作の中で、トーマス・クーンという人が論じて一大ブームとなった、**「パラダイム論」**という考え方です。

「パラダイム」とは、ある分野の研究者たちの間で、一定期間、その分野における問題の立て方や解き方のモデルとされる科学的業績のことです。例えば光学という分野では、その分野の研究者たちはニュートンの『光学』という著作が刊行されて以降は、そこに書かれていることにしたがって研究を行うようになったといわれています。このように、当初は指導的研究者が書いた古典がパラダイムの役割を果たし、やがてそれがマニュアル化されて教科書というかたちになっていきます。つまり、**パラダイムというのは研究者にとってのお手本であり、それにもとづく研究者たちの一定の行動パターンこそが科学だというのが、パラダイム論の主張**です。

5　パラダイム論以降の科学観
―科学知識の社会学、実験室の人類学―

パラダイム論の主張には、研究者の実際の行動をみていかなければ、科学の本当の特徴を明らかにすることはできないという考え方が含まれています。そして1970年代以降、パラダイムにとどまらない科学の社会的側面、つまり、さまざまな人間関係の中で研究者はどのような影響を受け、また、周囲にどう働きかけているのかが注目されるようになります。

こういった関心にもとづく1つの立場として、**「科学知識の社会学」**(Sociology of Scientific Knowledge、その頭文字から「SSK」とも呼ばれます）というものがあります。この立場では、**科学的知識は研究者が生きる社会的状況の影響を受けると考え、その影響関係を解明しようとします**。このSSKの代表的な研究では、19世紀にフランスであったパストゥールvs. プーシェの自然発生説論争が、題材として取りあげられています。

パストゥールは、その名を冠した世界的な研究所があるほど、医学・微生物学の分野で大きな成果をあげた人で、プーシェが唱える自然発生説（無生物からの生物の自然発生がありうるとする学説）をこの論争で打ち負かしました。しかしその過程では、生物は神の被造物というキリスト教の教義に反するとして、自然発生説を何とか葬り去ろうとするカトリック勢力が、当時政治的に優勢だったことや、敬虔なキリスト教徒だったパストゥールが、自然発生が起こったかにみえる実験を失敗とみなしたことなど、宗教的・社会的な要因が大きく影響していたというのです（金森修・中島秀人編著『科学論の現在』、勁草書房、2002年、pp.7–9参照)。

こうしたSSKとは別に、**「実験室の人類学」**というものもあります。この立場では、実験に適した研究材料の入手や、有能なメンバーから成る研究チーム、実験装置をうまく作動させる熟練の技、限られた資金の効果的な使用といった、**さまざまな物質的・社会的条件のもとで科学的事実は構築されるとして、その構築の過程を解明しようとします**。つまり、SSKのように科学の社会的側面に注目するだけでなく、物質的な側面にも焦点をあてている点に特徴があります。

6　社会調査の科学としての特徴

この第１講では、科学という人間の活動の特徴をどこに求めるか、その考え方の移り変わりをみてきましたが、**どの考え方にしても、科学の何らかの側面をとらえている**といえそうです。現在でもデータによる裏づけは重視されていますし、パラダイムから外れたことをやろうとすると研究者として認められにくいですし、研究活動はさまざまな物質的・社会的条件の制約を受けているように思われます。また、**かつては科学の特徴について原理的なレベルで論じられていたものが、近年では研究者の実際の行動といった、具体的なレベルで論じられるようになってきた**という流れも読み取れます。

こうしたことをふまえると、**社会調査の科学としての特徴は、社会調査における原理的な部分だけではなく、研究者が実際に行っている手順にもある**と考えられます。このため、社会調査の手順や原理を説明する際には、とくに手順について具体的に記述する必要がありそうです。

第１講のまとめ

①　経験主義は経験をすべての知識の根本とする立場であり、経験によって得られたデータを知識の根拠としていることが科学の特徴と考える。

② 実証主義はデータにもとづいて確かめられる知識以外を否定する立場、論理実証主義は直接観察することで真偽を検証できる命題に基礎づけられていない命題は無意味であり、また、この基礎づけの手続きは論理学の規則にしたがっていなければならないとする立場である。

③ 反証主義はデータによる反証、つまり反証が出てくるたびにそれまでの科学的説明が捨て去られ、反証に対応できる新しい科学的説明が生み出されることこそが科学の特徴という立場である。

④ パラダイムとは、ある分野の研究者たちの間で、一定期間、その分野における問題の立て方や解き方のモデルとされる科学的業績のことであり、このパラダイムにもとづいた科学者たちの一定の行動パターンこそが科学だというのが、パラダイム論の主張である。

⑤ 科学知識の社会学（SSK）は、科学的知識は研究者が生きる社会的状況の影響を受けると考え、その影響関係を解明しようとするもの、実験室の人類学は、科学的事実はさまざまな物質的・社会的条件のもとで構築されるとして、その構築の過程を解明しようとするものである。

⑥ 科学の特徴についてのどの考え方も科学の何らかの側面をとらえているが、論じられるレベルは原理的なものから具体的なものに変化してきている。このため、社会調査の科学としての特徴を論じる場合、社会調査における原理的な部分だけではなく、研究者が実際に行っている手順にも注目する必要がある。

第2講

よく使われる言葉の意味

第２講のねらい

以下では、社会調査とその関連領域でよく使われる言葉の意味を解説します。中でも、「変数」、「量的変数」、「カテゴリー変数」、「独立変数」、「従属変数」、「尺度」、「信頼性」、「妥当性」の意味は、ぜひ覚えてしまってください。また、言葉の意味を一覧できる付録１のリストも適宜ご利用ください。

1　理論

第１講の「2　実証主義と論理実証主義」の最後で述べたように、多くの対象にあてはまる科学的説明は、**「理論」**とか**「法則」**と呼ばれることがあります。社会調査とその関連分野では、「法則」という言葉はあまり使わないので、「理論」という言葉として説明していきます。

先述の『自殺論』では、「統合が弱すぎると自殺が増加する」という理論が出てきます。この理論は、「統合」と「自殺」という２つの概念が意味する現象間の関連を表現したもので、この２つの概念がそれぞれ意味するあらゆる現象群の間にその関連がみられることや、さらに、そうした２つの現象群の間に何らかの因果関係があることを想定しているといえます。つまり**理論は、複数の概念が意味する現象間の関連を表現したもので、それぞれの概念が意味するあらゆる現象群の間にその関連がみられることや、そうした現象群の間に何らかの因果関係があることを想定したものであるわけです。**

2　概念、定義、指標化

上述の理論は、「統合」と「自殺」という２つの概念が意味する現象間の関連を表現したものでしたが、これらの概念が意味する現象はそれぞれどのようなものなのでしょうか。

「統合」は人と人との結びつきのことなので、それには夫婦や親子といった家族のメンバーとしての統合や、宗教団体、職場、地域団体、国家のメンバーとしての統合など、ありとあらゆる社会的な統合が含まれています。著者のデュルケムは、そうした統合を人と人との結びつきという程度にゆるやかにとらえつつ、家族のメンバーとしての統合が強い既婚者と弱い未婚者、宗教団体のメンバーとしての統合が強いカトリック信者と弱いプロテスタントというように、強弱の**区分**を設定しています。さらには、デュルケムが考えたように家族のメンバー数が多いほど統合が強いのであれば（その可能性はあまりなさそうですが）、統合を家族のメンバー数という**数値**で表現することができます。

一方、「自殺」は『自殺論』の冒頭で次のようにはっきりと**定義**されています。「死が、当人自身によってなされた積極的、消極的な行為から直接、間接に生じる結果であり、しかも、当人がその結果の生じうることを予知していた場合を、すべて自殺と名づける。」（『自殺論』宮島喬訳、中央公論社、1985 年、p.22）

ところが、デュルケムが実際に「自殺」の概念の内容としたのは、母国フランスをはじめとする官公庁の自殺統計でした。ですから、関係当局に「自殺」として報告されたものが概念の意味する現象であるわけで、上記の定義に合致しない現象が含まれている可能性は否定できません。しかし、定義には合致しなくても関係当局への報告に一定の正確さを期待できるなら、そのデータで自殺が多いか少ないかを判断するくらいのことはできそうです。さらにいえば、デュルケムが自殺を「関係当局に『自殺』として報告されたもの」と定義していれば、概念の内容と定義は一致していたわけです。

この「自殺」のように、**概念の内容と定義が一致していないと考えられる場合は、一致するように定義を変える**必要があります。また、上述の

「統合」のように、**定義を工夫して概念の内容を区分や数値で表現できるようにする**ことも可能です。このことを**「指標化」**といいます。一方、「既婚者」や「カトリック信者」のように、それが意味するあらゆる現象を表現できていると考えられる概念は、定義せずに常識的な意味の範囲内で使用することもできます。

ここで、概念の定義や指標化をめぐる３つの戦略を区別することができます。すなわち、①概念を定義せず常識的な意味の範囲内で用いる戦略、②概念を定義して区分で表現できるように指標化する戦略、③概念を定義して数値で表現できるように指標化する戦略です。このうち③は、後述する社会調査の「量的方法」に固有の戦略であるといえます。

３　変数

さまざまな数値やいくつかの区分を取る概念を、数値（区分）が変化するものという意味で**「変数」**といいます。例えば、身長、年齢、年収はさまざまな数値を、性別、学歴、職業はいくつかの区分を取るので、変数といってよいことになります。なお、さまざまな数値を取る変数と、いくつかの区分を取る変数を区別する場合は、前者を**「量的変数」**、後者を区分を意味するカテゴリーという言葉を使って**「カテゴリー変数」**と呼ぶことにします。

先ほど、『自殺論』に出てくる「統合が弱すぎると自殺が増加する」という理論の話をしましたが、そこに変数という用語を持ち込めば、「統合」と「自殺」という２変数間の因果関係を表現した理論ともいえます。つまりこの理論では、「統合」という変数が原因、「自殺」という変数が結果とされているわけですが、このように**原因とされる変数を「独立変数」または「説明変数」、結果とされる変数を「従属変数」または「目的変数」といいます。**

4　尺度

先述の指標化は、さらに**「尺度」**という概念と密接に関連しています。尺度とはいわば**「ものさし」**のことであり、**「名義尺度」**、**「順序尺度」**、**「間隔尺度」**、**「比率尺度」**の4つに分類されます。

名義尺度は性別や職業のように**純然たる区分**を示すものさしであり、統合の強弱や学歴のように**区分に順序性がある**のが順序尺度です。こうした名義尺度や順序尺度における区分を、例えば性別における男性を1、女性を2とか、最終学歴における中学校を1、高校を2というように数字で表現することがありますが、これはあくまでも数字であって数値ではないので、**平均値などを算出してもその数字には何の意味もありません**。一方、気温のように**等間隔の数値**を示す間隔尺度では、平均気温といった**平均値に意味があります**。

ところが社会調査では、順序尺度の区分の数字を等間隔とみなして、間隔尺度の数値のように扱うことがよくあります。例えば、男性は仕事、女性は家事・育児をするものだという性役割意識について、「1. まったくそうは思わない」、「2. あまりそうは思わない」、「3. どちらともいえない」、「4. まあそう思う」、「5. まったくそう思う」という、本来は意識の強弱の順序を示す選択肢の数字を、尺度の得点とするような場合です。こうすることで、調査対象者の性役割意識の平均値を算出したり、男性の平均値と女性の平均値を比較して、どちらが性役割意識が強いかを知ることができます。

このように、間隔尺度では数値の大きいほうが性役割意識が強いなどとはいえますが、「まったくそう思う」と回答した人は「まったくそうは思わない」と回答した人に比べて、性役割意識が5倍強いとまではいえません。しかし、年齢や年収のような**純然たる数値**を示す比率尺度であれば、例えば男性の年収の平均値は女性の2倍といった**比率が意味を持つ**ことになります。

5　加算尺度

社会調査で用いられる尺度の中には、**複数の質問項目から構成され、各項目の得点を足し合わせて尺度全体の得点とする**ものがあります。そうした尺度を**「加算尺度」**といいます。筆者も、性役割意識を測定するいくつかの加算尺度の開発を行ったことがあります。そのうちの仕事に関する性役割意識を測定する尺度の場合、次の６項目について、「1. まったくそうは思わない」から「5. まったくそう思う」の選択肢により回答してもらい、その合計得点で意識の強弱を判別します。

①　結婚している女性が仕事を持つ場合は、常勤よりパートが望ましい
②　男性社員が女性の上司を望まないのは仕方がない
③　仕事中心の女性は、失うものが多すぎる
④　女性は男性にくらべて、仕事における責任感が弱い場合が多い
⑤　政治家や経営者といった権限の大きな仕事は、どちらかといえば男性のほうが向いている
⑥　共働きの夫婦は、妻が専業主婦の夫婦にくらべて、夫婦仲が悪くなりやすいと思う

こうした加算尺度には２つの利点があると考えられます。１つは、合計得点の幅が６～30点と広いのでわずかな差まで判別できること、もう１つは次に述べる信頼性を評価しやすいことです。

6　信頼性と妥当性

「信頼性」とは、くり返し測定しても測定結果が安定していることであり、複数の質問項目から成る尺度であれば、各項目に対する回答の一貫性

にもとづいて評価することができます。各項目の内容が多少とも類似していれば、ある項目に対して否定的に回答する人は、ほかの項目に対しても否定的に回答する（あるいはその逆）はずであり、こうした傾向のことを**「内的一貫性」**といいます。これを数値化したものを、考案者の名前から**「クロンバックのα係数」**と呼び、その値が0.7以上なら内的一貫性について一定の信頼性を確認できたことになります。しかし、逆にこの値が1に近いと、各項目の内容が類似しすぎている疑いがあります。

信頼性とともに尺度による測定で重要なのが、**測定しようとするものを測定できているという意味の「妥当性」**です。例えば、上記の６項目の尺度が仕事に関する性役割意識ではなく、経済的にゆとりのある共働き夫婦への嫉妬心を測定していたとすれば、妥当性がないことになります。この妥当性の確認には**「基準関連妥当性」**と**「構成概念妥当性」**がよく用いられるので、同様に６項目の尺度を例に説明します。

基準関連妥当性は、同様のものを測定する既存の尺度を併用し、同じような測定結果が得られることで確認されます。つまり、６項目の尺度のほかに、男性は仕事、女性は家事・育児をするものだという性役割意識についても質問し、後者に肯定的な人のほうが６項目の尺度得点も高いことが明白であれば、一定の基準関連妥当性が確認されたことになります。

構成概念妥当性は、尺度とほかの変数との理論的に予測される関連が、実際の測定結果でも十分にみられることにより確認されます。高学歴の人は６項目の尺度得点が低いことが理論的に予測される場合、データを分析して予測どおりの結果が得られれば、一定の構成概念妥当性が確認されたといえます。

信頼性・妥当性が問われるのは、たいていは間隔尺度についてです。しかし、名義尺度や順序尺度に相当するカテゴリー変数の場合でも、常識的な意味の範囲内で定義せずに用いられる概念の場合でも、そうした変数や概念が意味する現象間の関連を表現したものを「理論」と呼べるとすれば、それと合致するどのような知見（研究によりわかったこと）も（1事例でさえも）、構成概念妥当性を支持する根拠とすることができると筆者は考えています。（この話、？？？と思ったら、なかったことにしてください。）

しかしいまのところ、後述する「質的データ」の分析結果について、構成概念妥当性が正面から問われることは残念ながらほとんどなく、信頼性・妥当性を確認する方法としては、分析結果が妥当かどうかを対象者に確かめてもらうという、「メンバーチェッキング」が広く用いられています。

このほか、妥当性の確認に**「因子妥当性」**が用いられることがあります。これは、理論的に予測された因子分析の結果と、実際の分析結果がほぼ一致することで、妥当性を確認するものです（因子分析については第5講「6 多変量解析」「(3) 因子分析」をみてください）。

第2講のまとめ

① 理論とは、複数の概念が意味する現象間の関連を表現したもので、それぞれの概念が意味するあらゆる現象群の間にその関連がみられることや、そうした現象群の間に何らかの因果関係があることを想定したものである。

② 概念の内容と定義が一致していないと考えられる場合は、一致するように定義を変える必要がある。また、定義を工夫して概念の内容を区分や数値で表現できるようにすることを指標化という。

③ 変数とはさまざまな数値やいくつかの区分（カテゴリー）を取る概念であり、さまざまな数値を取る変数を量的変数、いくつかの区分を取る変数をカテゴリー変数と呼ぶ。また、原因とされる変数を独立変数または説明変数、結果とされる変数を従属変数または目的変数という。

④ 尺度とはものさしのことであり、純然たる区分（平均値は無意味）を示すものを名義尺度、順序性のある区分（平均値は無意味）を示すものを順序尺度、等間隔の数値（平均値の大小に意味あり）を示すものを間隔尺度、

純然たる数値（平均値の大小および比率に意味あり）を示すものを比率尺度と呼ぶ。

⑤　複数の質問項目の得点を足し合わせて尺度全体の得点とする尺度を加算尺度という。

⑥　信頼性とはくり返し測定しても測定結果が安定していることであり、その評価には内的一貫性を数値化したクロンバックのα係数などが用いられる。妥当性とは測定しようとするものを測定できていることであり、その確認には基準関連妥当性、構成概念妥当性、因子妥当性などが用いられる。

第3講

社会調査を始めるために

第3講のねらい

今日、多くの社会調査が行われていますが、中にはその必要性が疑わしいものも少なくありません。このため以下では、社会調査を計画する前に行うべき必要性の確認の仕方や、適切なデータ収集方法の選び方、文献の使い方・探し方などについて解説します。

1　社会調査が必要か確認する

「はじめに」で述べたように、国勢調査のような行政調査やマスメディアによる世論調査など、たくさんの社会調査が行われており、そのうちのかなりのデータが**文献（論文、書籍）**や**ホームページ**などで公表されています。また、**文献のデータベース**を利用して、調査データが掲載された文献を検索することもできますし、加工されていない状態の調査データを利用できる**公開データ**も存在します。さらには、日記やメールなどの文書、新聞や雑誌などの出版・刊行物、絵画、映画、写真、音楽などをデータとすることも可能です。

データベースなどを利用したいときは、まずは大学図書館や公立図書館の窓口の人に相談するとよいでしょう。基本的なパソコン操作も教えてくれるはずです。また、日本語だけでなく英語のデータベースなどにも挑戦してみましょう。なお、大谷信介らの『社会調査へのアプローチ―論理と方法―』（第2版、ミネルヴァ書房、2005年）34 ～ 50ページの解説は、この関連で大いに参考になるはずです。

よく知られた公開データには、「日本版総合的社会調査（JGSS）」や「全国家族調査（NFRJ）」があります。これらの利用については、データを管理する「SSJデータアーカイブ」にアクセスし、利用の仕方に関するページをみてください。実際に利用するのであれば、そうしたページをプリントアウトして熟読し、決められたルールをきちんと守るべきです。

社会調査を計画する前に、このようにデータベースなどをできるだけ利用して、調査を行わなくても自分の知りたいことを知ることが可能か、必ず確認しましょう。そしてそれが可能なら、社会調査を行わないでください。その理由は、第８講「2　倫理原則と倫理審査」「(2)　有意義さの原則と不利益最小化の原則」で述べます。

2　公表されている社会調査データを利用するときの留意点

文献やホームページなどで公表されている社会調査のデータを利用するときには、調査時期、調査対象者、調査事項・用語の定義などに留意する必要があります。

データはあくまでも調査が実施された時点でのものであり、それが掲載されている文献の刊行時期とはズレがあります。場合によってはずいぶん前のものかもしれませんから、その文献で実践に活かせそうな知見を発見できたとしても、現時点では状況がすっかり変わっていて役に立たないかもしれません。

また、全国民を調査対象者とする国勢調査のような全数調査なのか、一部だけを調査対象者とする標本調査なのかで、データの見方も大きく異なります。国勢調査のような大規模な全数調査であれば、1％の差でも100万人以上もの違いということになります。一方、標本調査では対象者数にもよりますが、数％の差があっても誤差の範囲内で、本当に違いがあるとはいえないかもしれません。さらに、１つの県や都市の住民を対象者とする標本調査の場合、その結果は厳密にはその県や都市の住民にしかあてはまらないわけで、一般化に限界があります。こうしたことについては、第4講「4　質問紙調査における対象者の選び方」や、第５講「3　統計的検定」「(1)　基本的な考え方」もみてください。

調査される事項など、調査で用いられる言葉の定義も重要です。例えば先述の自殺統計のようなデータでは、該当する出来事として関係当局に報告されたものだけが対象ということが多いでしょう。また、家族に関するデータの代わりに世帯に関するデータがよく用いられますが、この2つの概念にはもちろんいくらかのズレがあります。このように、調査で用いられる言葉の意味は常識的な意味とズレがあることが少なくないので、そうしたデータから何かを読み取るためにはこのことをふまえる必要があります。

3　社会調査にはどんな方法があるか

社会調査の方法にはさまざまなものがあり、その分類の仕方もさまざまです。一般に広く流通している分類としては、**「量的データ」を収集・分析する「量的方法」**と、**「質的データ」を収集・分析する「質的方法」**に分けるやり方があります。この場合の「量的データ」は数量的に表現することに意味があるデータのことであり、「質的データ」は数量的に表現することに意味がないデータのことです。

しかし、数量的に表現することに意味があるデータを、さらに年齢のように平均値などを算出することに意味があるデータと、職業のようにそうすることに意味がないデータに分け、前者を「量的データ」、後者を「質的データ」と呼ぶことがあるのです。つまり異なるものを同じ「質的データ」という名称で呼んでいるわけで、平均値などを算出することに意味がないデータのほうを、「カテゴリカルデータ」などと呼ぶことにすれば解決できそうですが、それほどは使われていないようです。（このあたりのことは第2講の指標化や尺度の話と関連しています。）

本書ではわかりやすさを重視して、数量的に表現することに意味があるのが量的データで、それを収集・分析するのが量的方法、数量的に表現することに意味がないのが質的データで、それを収集・分析するのが質的方法ということにしておきますが、これにはいま述べたような問題があることを頭に入れて読み進めてください。

また、**量的データの収集に用いられる方法はほとんどが質問紙調査**であり、**質的データの収集に用いられる方法はほとんどがインタビューか参与観察**（対象者と行動をともにしながら観察することで、「参加観察」ともいいます）ですので、データの収集方法については本書ではこの3つを扱います。

4　データの収集方法を選択する

上述のように、社会調査を行わなくても自分の知りたいことを知ることが可能か確認する中で、自分の知りたいことがすでにどの程度明らかになっているかもわかるはずです。そしてその程度により、適するデータの収集方法が異なります。

質問紙調査では、知りたいことについて何を尋ねるかすべて決まっていないと質問紙を作れないので、あらかじめかなりのことが明らかである必要があります。一方、**インタビューであれば、知りたいことがあまり明らかになっていなくて、尋ねるべきことを事前にすべて決められなくても、インタビューの場で新たな質問をつけ加えることができます。**インタビューのこうした利点は、すでにかなりのことが明らかな場合にはかえって活かせないでしょう。また、何百人もの対象者に質の高いインタビューを行うのは無理がありますが、何千人もの対象者でも質問紙調査なら行うことが可能です（手間やコストは相当かかりますが）。

このように、まずは自分の知りたいことがあり、そのうえでそれに適したデータの収集方法を選択するのであって、例えばインタビューをしてみたいから何かよいテーマはないかというのは、社会調査の教育場面ではありえるとしても、それ以外では本末転倒です。

5　知りたいこと（テーマ）をはっきりさせる
—文献の使い方・探し方—

上述のデータの収集方法を選択する話では、自分の知りたいことがわかっていることが前提でしたが、例えば卒論を書かなければならないんだけれども、何を知りたいのか浮かんでこないという読者もいるでしょう。そんなときにまず手がかりになるのは、先輩たちの卒論だと思います。タイトルをみるだけでも「ああ、こんなテーマなら卒論が書けるんだ」と思えるし、それを読めば行うべき社会調査のイメージを描けるかもしれません。

このように、**ほかの人の行った社会調査がまとめられた文献を読んで、その形式をまねる**ことは重要です。「まねる」ことに抵抗がある人もいるかもしれませんが、社会調査のように技術的なものを含む場合（たいていの研究はそういうものだと思いますが）は、まずは形式をまねることの大切さを強調しておきます。ただし、内容をまねたらもちろん盗作になってしまいますが。

さらに、先輩の卒論がきちんとしたものなら、知りたいことをはっきりさせるために、文献をどのように検索・検討したか書かれているはずです。この**文献検索と文献検討**は、社会調査を行うためには避けては通れない関門です。

文献検索を行うには、すでに述べたようにまずは大学図書館や公立図書館の窓口の人に、パソコンの操作の仕方やどのようなデータベースを利用するのがよいかを相談しましょう。そして、**データベースにアクセスし、おおよそのテーマ**（この段階では漠然としていてかまいません）**に関連した1つか2つくらいのキーワードで検索します**。そこでヒット（キーワードに該当すること）しなければキーワードを変えて検索し、ヒットした文献の中から自分のテーマに近いと思われ、かつ刊行年がより最近のものをいくつか選んで読んでみましょう。検索画面にアブストラクト（文献内容の要約）が載っているものは、それを印刷して読むだけでも十分かもしれません。

文献の中には、特定のテーマの研究動向を概説した論文（**「レビュー論文」**、**「総説」**などと呼ばれます）があります。そうした文献は原則必読です。また、テーマによっては**定評のあるハンドブックや教科書**も利用できます。

この段階での文献検索は、ヒットした文献数が多ければ、その中から自分のテーマに近いと思われる文献を10件程度選ぶところまででよいと思います。また、該当する書籍や、該当する論文が掲載された雑誌が図書館になければ、書籍自体や論文のコピーを取り寄せるサービスを利用するとよいでしょう。

こうして入手した文献を読んでいくと、自分のテーマに関連してどのような研究が行われ、それによってすでに何が明らかになっているかがわかり、テーマを何にすべきか、どのデータ収集方法が適しているかがはっきりしてくるはずです。

ここで、**明確になったテーマにもとづくキーワードを使って、再び文献検索を行います。この段階の文献検索でヒットした文献は、原則としてすべて検討すべき先行研究**（関連するテーマですでに行われた研究のこと）**となります**。例外的にテーマと関連しない文献も含まれているかもしれませんが、そういう場合はその文献がテーマと関連しないといえる理由を記録しておく必要があります。

先行研究となる文献のヒット数が少なすぎると、テーマの適切さに疑問が持たれるかもしれませんし、多すぎると検討作業が困難になります。そこで、検索する刊行年の範囲、キーワードの数、文献の種類などを変えて、ヒット数を加減することがあります。テーマにもよりますが、学部の卒論では10件くらいが無理のないところだと思います。

このようにテーマに影響を与えるのは先行研究だけではありません。対象者が何千人という質問紙調査は、十分な資金や人材を確保する見込みがなければ不可能でしょう。また、配偶者を亡くした直後の人にその心情を尋ねることは倫理的に問題でしょう。つまり、テーマはコストや倫理面などでの実現可能性によっても制約されるのです。

第3講のまとめ

① 社会調査を計画する前に、データベースなどをできるだけ利用して、調査を行わなくても自分の知りたいことを知ることが可能かを必ず確認する。

② 文献やホームページなどで公表されている社会調査のデータを利用するときには、調査時期、調査対象者、調査事項・用語の定義などに留意する必要がある。

③ 社会調査の方法には、量的データを収集・分析する量的方法と、質的データを収集・分析する質的方法がある。また、量的データの収集に用いられる方法はほとんどが質問紙調査であり、質的データの収集に用いられる方法はほとんどがインタビューか参与観察（参加観察）である。

④ データの収集方法のうち、質問紙調査は知りたいことがかなり明らかになっている場合に、インタビューはあまり明らかになっていない場合に適している。

⑤ 社会調査のテーマやイメージを明確にするには、ほかの人の行った社会調査がまとめられた文献を読むとよい。また、文献検索と文献検討は不可欠であり、まずはデータベースにアクセスし、おおよそのテーマに関連したキーワードで検索する。このときヒットした文献でレビュー論文ないし総説は原則必読である。さらに、定評のあるハンドブックや教科書があれば利用する。こうして明確になったテーマにもとづくキーワードを使って再び文献検索を行うが、このときヒットした文献は原則としてすべて検討すべき先行研究となる。

第4講

量的データの収集方法

―質問紙調査―

第４講のねらい

以下では、質問紙調査の種類や特徴、対象者の選び方、質問紙の作成の仕方、質問紙の回収やデータ入力の際の留意点などについて、すぐにでも実行できるように具体的に解説します。また、付録２の質問紙と対象者への説明文書も、架空のものですが参考になると思います。

1　質問紙調査とは

質問紙調査は文字どおり質問紙を用いて量的データを収集する方法です。質問紙を「調査票」と呼ぶこともありますが、よく使われる「アンケート」は俗称なので、論文中などの専門用語として使うのは好ましくありません。一方、質問紙調査について対象者に説明・依頼を行う際は、アンケートのほうがわかりやすくて適切と思われます。

2　質問紙調査の種類

質問紙の配布・回収・記入方法により、**「留置**（とめおき）**法」**、**「個別面接法」**、**「郵送法」**、**「集合調査法」**、**「電話法」**などに分類されます。このほか最近では、インターネットを利用した質問紙調査も重視されています。

留置法は「配票調査」とも呼ばれ、調査員が訪問して質問紙を対象者のところに一定期間留め置き、その間に対象者に記入してもらいます。このように質問紙への記入を対象者自身に行ってもらうやり方を「自記式」といいます。そして、調査員が再び訪問して記入が済んだ質問紙を回収します。

個別面接法は「訪問面接法」とも呼ばれ、調査員が訪問して質問紙のとおりに質問し、対象者の回答を記入します。このように質問紙への記入を対象者ではなく調査員が行うやり方を「他記式」といいます。そして、記入が済んだ質問紙を調査員がそのまま持ち帰ります。

郵送法は、質問紙と返送用の封筒を対象者に郵送し、一定期間内に対象者に記入してもらいます（自記式）。そして、記入が済んだ質問紙を対象者に郵送してもらって回収します。

集合調査法は、対象者に特定の場所に集まってもらい、そこで質問紙を配布して記入してもらいます（自記式）。そして、記入が済んだ質問紙をその場で回収します。

電話法は、調査員が対象者に電話をかけ、質問紙のとおりに質問して対象者の回答を記入します（他記式）。記入が済んだ質問紙は調査員の手元にあるので回収は不要です。

3　質問紙調査の各方法の特徴

質問紙調査の各方法は、上述したような質問紙の配布・回収・記入方法の違いにより、それぞれの特徴が異なります。これをまとめると、次ページの表１のようになります。

この表で、**コストと時間**に影響している要因は、調査員の数や訪問・面接にかかる時間です。留置法は個別面接法と同様にかなりの数の調査員が必要ですが、面接を行わないので時間がかからない分、調査員に支払う賃金コストが少なくてすみます。郵送法は対象者が多ければ郵送の準備に一定の人手と時間が必要になります。電話法のコストの内訳は電話の利用料金と調査員への賃金です。

調査員の質の問題に影響している要因は、記入方法が他記式であることです。他記式の場合は調査員が面接を行うので、面接がいい加減だと対象者が適切に回答できないということになりかねません。

可能な質問数に影響している要因は、対象者が回答するときに調査員が立ち会うか立ち会わないかです。調査員が立ち会う状況のほうが、対象者

表１　質問紙調査の諸方法の比較対照表

	コスト	時　間	調査員の質の問題	可能な質問数	回収率	回答者の偏り	回答の精度
留　置　法（自記式）	やや多	やや少	無	やや多	やや高	やや小	低
個別面接法（他記式）	多	多	有	多	やや高	やや小	高
郵　送　法（自記式）	やや少	やや少	無	やや多	低	やや大	低
集合調査法（自記式）	少	少	無	多	高	大	やや高
電　話　法（他記式）	やや少	少	有	少	やや高	やや大	高

の協力を多少とも得やすいと考えられます。電話法は調査員が立ち会う状況に近いのですが、質問が長引くと途中で電話を切られてしまうかもしれないので、質問数を最小限にする必要があります。

回収率に影響している要因は、調査員が直接回収するかしないかです。直接回収するほうが対象者の協力を多少とも得やすく、さらに集合調査法はその場で回収するため、高い回収率が期待できると考えられます。これに対し、郵送法は回収については完全に対象者に委ねられているので、回収率が低くなる傾向があります。

回答者の偏りに影響している要因は回収率です。回収率が低いと、質問紙の内容などに関心のある人しか回答していない可能性があります。しかし回収率が高くても、回答者が集合調査法では特定の組織のメンバーに、電話法では固定電話の所有者に限定されるため、そのことで最初から偏りがあることになります。

回答の精度に影響している要因は、記入方法が自記式であることです。

自記式の場合は回答が対象者に委ねられているので、例えば対象者本人ではなく配偶者が回答したとしても確認のしようがありません。また、わからないことや疑問があっても、あえて問い合わせる対象者はごく一部と考えられます。集合調査法は自記式ですが、対象者本人が回答する可能性が高く、その場での質問も可能なので、かなりの回答の精度を期待できます。

マスメディアによる世論調査などでは電話法がよく用いられますが、可能な質問数が少ないので研究目的の社会調査ではあまり使われません。また、特定の組織（例えば学校）のメンバーを対象者とする場合によく用いられる集合調査法は、コストや時間がかからない割にはかなりの回答の精度と回収率が望めるので、卒論に向いているといえるでしょう。

個別面接法は高い回答の精度と回収率が期待できるので、研究目的の社会調査の王道とされてきました。しかし近年、プライバシー意識の高まりや私生活重視の傾向により、個別面接法の回収率が低下する一方、郵送法の回収率が上昇しているといわれています。このことについては第８講で再度述べますが、こうしたことも考慮に入れながら質問紙調査の方法を選択する時代になっています。

４　質問紙調査における対象者の選び方

質問紙調査の対象者は多くの場合、特定地域の住民や特定組織のメンバーのような人々です。**全数調査**ではその全員を対象者としますが、**標本調査**ではその一部を対象者として選び出すことになります。このことを「**サンプリング**」または「**標本抽出**」、選び出す前の全員を「**母集団**」といいます。母集団について知りたいことがあるけれども、人数が多すぎるなどの理由でそれが難しいときに、一部の対象者の調査結果でそれを知るための工夫が標本調査であるといえます。

標本調査を行うときの母集団は、たいてい何万、何十万という人を含んでいます。このように母集団が大規模な場合には、対象者数がある程度多いほうが母集団の実態に近いデータが得られることがわかっています。例えば、全国民を母集団とする標本調査で内閣支持率が50%という場合、対象者数が100人だと実際の支持率はだいたい40〜60%の間と考えてよい（正確にいうと95%超の確率でそう考えてよい）のに対し、400人だと45〜55%の間、2,500人だと48〜52%の間と考えてよいという具合です。また、このズレの範囲（**「標本誤差」**ないし**「誤差」**といいます）は調査結果が50%のときが最大で、ほかの数値ではより小さくなります。対象者数が400人くらいあれば何とか実態に近い結果を期待できそうですが、それでも得られたデータを検討するときには、最大で±5%ほどの誤差があることを考慮に入れる必要があります。

対象者数が多い大規模な社会調査は、郵送法を用いるとしてもかなりの手間やコストがかかります。ですが、手間やコストを抑えるために対象者数を少なくすると、統計的に意味のあるデータ（これがどんなデータなのかは後述します）が得にくくなります。また、サンプリングで選び出された対象者全員が調査に協力してくれるとは限らないので、きちんと記入された質問紙をどのくらい回収できるか（これを**「有効回収率」**といいます）も予測しながら、対象者数を考える必要があります。調査で何を知りたいのかによりますが、コストなどの関係で対象者数をあまり多くできない場合は、母集団を例えば40〜59歳の女性というように限定すると、統計的に意味のあるデータを得やすくなることがあるので、ぜひ検討してください。

それから、標本調査を行うにしても全数調査を行うにしても、対象者にアクセスするために、居住地域や所属組織の関係者の承認や内諾を得ることが必要な場合があります。その詳細については、第6講「3　インタビューにおける対象者の選び方」や、第8講「2　倫理原則と倫理審査」「(3)　説明と同意の原則」をみてください。

5　サンプリングのための台帳

(1)　住民基本台帳

サンプリングを行うには「台帳」が必要です。「台帳」というのは母集団全員の名前などが載っている名簿のことです。逆に、そのような名簿がないとサンプリングができないため、標本調査も行えないことになります。

特定地域の住民を対象とする標本調査では、たいてい**選挙人名簿**か**住民基本台帳**を使用します。選挙人名簿は無料で閲覧できますが、法令で使用が認められている調査が、政治や選挙の研究を目的とするものに限定されているので、ここでは住民基本台帳の使い方を説明することにします。

住民基本台帳で閲覧できるのは、住民票の個票（各個人分）に記載されている氏名、生年月日、性別、住所を一定の順序で収録した、閲覧用の冊子体です。人口の多い自治体ではたいてい分冊になっており、その閲覧にはかなりの手間と時間、そして費用を要します。

閲覧するには、まずは調査地域の市区町村の担当部署に電話をして閲覧ができるか確認し、できるということならば、申請の仕方、予約状況、一度に閲覧できる住民数、転記できない項目の有無、同時に閲覧できる調査員数、台帳における個票の並び順、閲覧の際に持ち込める物品、閲覧にかかる費用を確認します。

台帳における個票の並び順は、「世帯順」であったり、最近は「全市50音順」や「地区別生年月日順」などという自治体も増えているようです。留置法や個別面接法では調査員が対象者を訪問するため、後述する多段抽出法のような居住地区にもとづくサンプリングを行うことが多く、個票の並び順が「全市50音順」などの場合には特別な工夫が必要になります。このあたりのことについて詳しく知りたい場合は、岩井紀子・稲葉太一「住民基本台帳の閲覧制度と社会調査―JGSS－2005での抽出からみた問題点と対応―」（『日本版General Social Surveys研究論文集［5］JGSSで見た日本人の意識と行動』2006年）をみてください。

閲覧には、運転免許証、パスポート、住民基本台帳カードといった、写真入りの公的な身分証明書を持参する必要があります。また、持ち込むことができるなら転記のための用紙を準備します。その用紙には対象者の整理番号のほか、氏名、住所はもちろん、必要に応じて性別、生年月日、さらに質問紙の回収状況を記入する欄を設けます。性別や生年月日は、例えば女性だけ、あるいは一定の年齢層の人だけを対象とする調査では対象者選択の基準となります。また、調査員が対象者を訪問する調査では、性別や誕生日で本人確認ができるというメリットもあります。

このように、住民基本台帳を用いたサンプリングは簡単ではないので、マニュアルを作成して作業手順を確認したり、比較的簡単なサンプリング（郵送法の場合や対象者が一都市の住民の場合）を行う機会があれば、それで慣れておくとよいでしょう。

(2)　そのほかの台帳

選挙人名簿や住民基本台帳のような台帳のないアメリカでは、特定地域の住民を対象とする標本調査を行う場合、**地域の全家屋を台帳とするサンプリング**が用いられています。その手順はおおよそ次のとおりです（林知己夫編『社会調査ハンドブック』朝倉書店、2002年、pp.59–62参照）。

①　国勢調査の居住家屋数のデータにもとづいて、調査を行う地区で選ぶべき家屋の数を決める

②　その地区の家屋の配置図を作成し、その中から決められた数の家屋を単純無作為抽出法（これについては後述します）で選ぶ

③　その家屋の住人のうちの１人を単純無作為抽出法で選ぶ

選挙人名簿や住民基本台帳の使用が許可されないことがあっても、こうした手順でサンプリングを行うことも可能なわけです。

さらに電話法による調査では、10桁の固定電話の番号すべてを台帳と

する「**RDD**」と呼ばれるサンプリングがよく用いられています。これは固定電話の番号を単純無作為抽出法で選ぶというものですが、10 桁のすべての番号をランダムに選ぶと、使用されていない番号も大量に含まれることになってしまいます。

このため実際には、使用されている６桁の市外・市内局番のリストを NTT で入手し、これを台帳としてまず６桁の番号をランダムに選び、さらに残りの４桁をランダムに選ぶ方法や、使用されている可能性のある８桁の番号のリストを電話帳にもとづいて作成し、これを台帳として８桁の番号をランダムに選び、さらに残り２桁をランダムに選ぶ方法が用いられているようです（林編『社会調査ハンドブック』pp.192–194 参照）。しかし、携帯電話や IP 電話の利用者が多くなった現在、固定電話の番号に頼る RDD の妥当性が揺らいでいます。

このほか、例えばある学校の卒業生全員を母集団とする場合は、その学校の同窓会名簿を台帳としたサンプリングも考えられますし、日本国内の保育士全員を母集団とする場合は、保育園名などが載っている名簿から保育園をサンプリングし、選ばれた保育園の保育士全員を対象者とすることも考えられます。

６　サンプリングの主な方法

（1）　単純無作為抽出法

サンプリングの最も基本となる方法は、「**単純無作為抽出法**」あるいは「**単純ランダム・サンプリング**」と呼ばれています。これは、サイコロを転がしたり、くじを引くというように、人間の意思が入り込まない（無作為、ランダム）やり方で調査対象者を選ぶもので、実際には「**乱数表**」（0 ～ 9 の整数を縦横何行にもわたってランダムに配列したもの）などを用いて行います。

乱数表を使用する場合は、台帳の掲載人数（母集団の人数）と同じ桁（例えば人数が10万台なら6桁）の数字を乱数表から対象者の人数分選び、台帳における並び順がその数字と同じ人を対象者とするのですが、乱数表からの数字の選び方をランダムに決定する必要があります。

統計数理研究所のホームページでは、ランダムに更新され続ける乱数表が提供されており、これを使えば簡単に数字を選ぶことができます。例えば台帳の掲載人数が6桁なら、最初は1行目左端から6桁までの数字、次は2行目左端から6桁までの数字といった具合です。また、選ばれた数字が台帳の掲載人数を超えている場合は、それは使わずに次の行の数字（それも超えていたらさらに次の行の数字）を使います。

しかしこの方法は、入手しやすい乱数表では選ぶことのできる数字の数に限りがあるとか、例えば看護師における男性のような母集団内の少数派が、偶然の偏りにより対象者にまったく選ばれないことがあるといった問題点があります。このため、選ぶ必要のある数字の数を少なくする方法として**「系統抽出法」**と**「多段抽出法」**、偶然の偏りを小さくする方法として**「層化抽出法」**が考案されました。

(2)　系統抽出法

系統抽出法は、最初の対象者だけを単純無作為抽出法で選び、それ以外は最終的に必要な対象者数になるように等間隔に抽出していく方法です。例えば、人口が18万1,161人の都市があり、この都市で成人（何年何月何日以降生まれというように、あらかじめ明確な選択基準を決めておきます）1,000人を選ぶとすると、まずは成人に該当する住民の数を国勢調査などで調べます。

その結果が15万3,987人ならば、15万3,987を必要な対象者数の1,000で割り、その結果である153.987の小数点以下を切り捨てた153か、切り上げた154のどちらかを抽出の間隔とします。そして、153なら台帳における並び順で１番から153番まで、154なら１番から154番までの人の中から単純無作為抽出法で１人を選び、後はその人の並び順に153、または154ずつ足した並び順の人を1,000人まで選びます。

実際に住民基本台帳などを使って抽出すると、そのようにして選んだ人が成人でなかったり、転居または死亡していたり、同じ世帯の人だったりというように、対象者の選択基準に合わない人が選ばれることがあります。そういうときはその人は対象者から外しつつ、同じ間隔で選んでいきます。このため、台帳の最後まで選んでも必要な対象者数に達しないこともありますが、そうなったら同じ間隔を保ちながら台帳の先頭に戻り、1,000人が選ばれるまで抽出を続けます。

(3)　多段抽出法と層化抽出法

多段抽出法は、居住地域別のような区分によって母集団をいくつかのブロックに分け、まずブロックを単純無作為抽出法で抽出し、さらにそのブロックから単純無作為抽出法で必要な数の対象者を抽出する方法です。例えば、ある都市で多段抽出法を行うとすると、その都市のすべての地区名を掲載した台帳を作り、まずそこから適当な数の地区を単純無作為抽出法で選び、さらに選ばれたそれぞれの地区の住民の中から、単純無作為抽出法で（通常は住民数に応じた）一定数の人を選ぶということになります。

また、この例のようにサンプリングが「地区」「地区の住民」という２段階だと「２段抽出法」、その前に県全体から適当な数の市町村が単純無作為抽出法で選ばれていて、「市町村」「地区」「地区の住民」という３段階であれば「３段抽出法」と呼びます。

層化抽出法は、性別、年齢別、職業別、居住地域別といった区分によって母集団をいくつかのブロックに分け、各ブロックの人数に応じて各ブロックから抽出する対象者数を決めたうえで、各ブロックから単純無作為抽出法で対象者を抽出する方法です。例えば、メンバーのうち95％が女性で5%が男性という組織で300人を選ぶ場合、台帳となる名簿に掲載された組織の全メンバーを女性と男性に分け、女性メンバーから285人、男性メンバーから15人を、それぞれの名簿における並び順をもとに単純無作為抽出法で選ぶことになります。

これらの方法は組み合わせて使われることもあり、世論調査などでは2段抽出法と層化抽出法を組み合わせた「層化2段抽出法」がよく用いられます。この方法では、市町村の人口規模や、住居地区・農林業地区といった地域の特性でブロックを区分し、各ブロックからその人口に応じた数の調査地点を単純無作為抽出法で選び、さらに各調査地点の住民から単純無作為抽出法で対象者を選ぶ、というようなことが行われます。

「調査地点」という耳慣れない言葉が出てきましたが、これはたいていは国勢調査の調査区のことで、国勢調査の調査員が調査を行いやすいように、市町村をいくつかの地区に分けたものです。また、調査地点1カ所あたりの対象者数（全対象者数を調査地点の総数で割ることで算出されます）が10〜20になるように調査地点の総数を設定すると、調査員が調査を行いやすいといわれています。

7　質問紙の作成で留意すべきこと

(1)　実物の質問紙を参考にしよう

よい質問紙の条件は、質問文や選択肢、文字の大きさ、レイアウト、質問紙の材質が、みやすく、わかりやすく、回答しやすく、不快感がなくて、質問数やページ数が多すぎない（A4判で8ページ程度まで）といったことだと思います。といっても、実物の質問紙をみたことがない人にはイメージしにくいでしょうから、質問紙を作ることになったら、ぜひ**実物の（なるべくなら出来のよい）質問紙を参考にする**ことをお勧めします。とくに、目的や対象者が同じような調査の質問紙は、大いに参考になるはずです。

実物の質問紙はインターネットで検索することもできますし、渡辺秀樹らの『現代家族の構造と変容―全国家族調査[NFRJ98]による計量分析―』（東京大学出版会、2004 年）巻末付録の質問紙のように、書籍に収録されている場合もあります。また、「第 4 講のねらい」で述べたように本書にも付録として架空の質問紙が収録されています。

(2)　既存の尺度を活用しよう

次にお勧めしたいのは、第 2 講「5　加算尺度」で紹介したような**既存の尺度で、調査の目的に適したものがあれば、それを活用する**ことです。そうした尺度は文献検索でヒットした文献に載っている場合もありますし、堀洋道監修の『心理測定尺度集』（Ⅰ～Ⅵ、サイエンス社、2001 ～ 2011 年）のように、さまざまな尺度を収録した尺度集も出版されています。また、学歴や職業といった対象者の属性について、実物の質問紙でどのように尋ねているかをみることができれば、大いに参考になるはずです。ただし、文献や尺度集に掲載された尺度を実際に使う場合には、尺度を開発した研究者に書面で許可してもらうのが原則ですので、お忘れなく。

(3)　ワーディングに注意しよう

質問文や選択肢を自分で考えるのは意外と大変です。例えば、次のような質問文は**ワーディング**（言い回し）が不適切とされますが、どのように不適切かわかりますか。

「あなたは、若い女性がたばこを吸ったり、ビールを飲んだりすることをどう思いますか」（大谷ほか編著『社会調査へのアプローチ』第 2 版、p.90）

これは「ダブルバーレル質問」（「ダブルバーレル」とは 2 連発の銃のこと）と呼ばれ、1 つの文章で 2 つのことを尋ねているために、例えばビールを飲むのはかまわないが、タバコを吸うのには反対という人だと、どう答えていいか困ってしまうので不適切というわけです。この内容を尋ねたいなら、タバコについてとビールについての２つの質問文にするのが適切ですが、質問の数をできるだけ少なくしようとすると、ついついこんな質問文になってしまうことがあるので注意してください。

では次に、こんな質問文はどうでしょう。

「インターネットでわいせつな映像が流されていることについてどう思いますか」

これは、「わいせつ」というワーディングが不適切と考えられます。「わいせつ」という用語には、一般的に「よくないもの」というマイナスの評価がつきまとっており、このことで回答が否定的なほうに誘導される可能性があるからです。十分とはいえませんが、「性的」のほうがいくらかましでしょう。マイナスであれプラスであれ、強い評価を含まない用語を選んでください。

(4)　質問文の並べ方に注意しよう

質問文の並べ方にも注意が必要です。例えば次のような質問文と順番で尋ねられたら、対象者の回答にどのような影響があると思いますか。

「高齢化が進む現在のわが国で福祉のための財源確保は重要な政策課題だと思いますか」

「あなたは福祉を目的とした消費税の税率が引き上げられることをどう思いますか」

(岩永雅也ほか編著『社会調査の基礎』放送大学教育振興会、1996 年、pp.55–56)

１つめの質問は多くの人が「はい」と答え、２つめの質問に答えるときにそのことを思い出して、やむをえないかなあと思ってこちらも「はい」と答えてしまうと思いませんか。これが政府の行う世論調査だったら、都合のいい結果を得るための策略だと指摘されても仕方ないでしょう。

このように、前の質問文が次の質問文の回答に影響を与えることを、「キャリーオーバー効果」といいます。これを避けるためには質問文の順番を逆にするとか、２つの質問文の間にほかの質問文をいくつか入れ込むといったことが考えられます。

このほか、質問紙のはじめのほうはなるべく簡単に回答できる質問文にしたり、唐突な印象を与える並べ方にならないように注意するとよいでしょう。

(5)　選択肢の作り方に注意しよう

選択肢をともなう質問文の場合、とくに注意すべき点がいくつかあります。

まず、選択肢をいくつ選択するのかを、質問文の中ではっきり指示する必要があります。例えば「次の中から、最もよくあてはまるものを１つだけ選んで、その番号に○をつけてください。」という具合です。

次に、例えば最終学歴を尋ねるときの選択肢が次のようなものだったら、どんなことが問題になるでしょうか。

1. 中学校　　2. 高校　　3. 専門学校　　4. 短大・高専　　5. 大学

この選択肢だと、それぞれの学校を卒業した人は迷いなく回答できるでしょうが、中退の人は、中退した学校を選ぶか、最後に卒業した学校を選ぶかで迷う可能性があるので、例えば「中退を含む」といった説明が必要です。また、大学などを卒業してから専門学校に再入学して専門的資格を取得した人も、専門学校を選ぶか迷うかもしれません。つまり、研究者が知りたいのが通常の意味での「最終学歴」（最後に卒業した学校）なのか、明確にする必要があります。さらに、現在なら大学院という選択肢も必要でしょうし、戦前に教育を終了した人が対象者に含まれる可能性があるなら、その人も選択できる選択肢を用意しなければなりません。

このように、研究目的に合致し、しかも回答者が戸惑わないように、網羅的でかつ内容の重複のない選択肢とすることが原則です。さらに、選択肢の数が多すぎたり、多くの人が該当する選択肢がはじめのほうにあると、選択肢を全部を読まずに回答するということも起こります。選択肢の数を減らすには、「その他」や「わからない」などを入れるというやり方があります。これには選択肢を網羅的にする効果もありますが、「その他」については必要に応じて具体的内容を書く欄を設けるとよいでしょう。

選択肢の中には、第２講「4　尺度」に出てきた尺度の例のように、「○○についてどう思いますか」と尋ねておいて、「まったくそう思う」、「まあそう思う」、「どちらともいえない」、「あまりそうは思わない」、「まったくそうは思わない」というように、賛否の強弱を何段階かに区分したもの（この場合は５段階で、「５件法」ともいいます）があります。何かについての賛否を「○○と思いますか」と尋ねると、賛成のほうに回答しやすいといわれていますが、このような尋ね方はそれを避けるためにも有効と考えられます。また、５段階以外に７段階で尋ねることもありますし、回答が「どちらともいえない」に集中してしまうのを避けるために、これを除いた４段階や６段階で尋ねることもあります。

(6)　最大限にプリコーディングされた質問紙を作成しよう

質問紙を作成するときに、各質問文の回答として対象者に選んでもらう選択肢の番号や記入してもらう数値を、そのままデータとして入力できるようなものにしておくことを、**「プリコーディング」**といいます。こうしておけば、入力の手間やミスを最小限にすることができるので、**最大限にプリコーディングされた質問紙を作成すべき**です。

(7)　できあがったらしっかりチェックしよう

自記式の質問紙は、いったん対象者に配布してしまったら、対象者から直接問い合わせがない限り、間違いや不適切な点を訂正することができません。他記式の質問紙でも、調査が始まってから間違いなどに気づくと、大変な手間をかけて再調査することになったりします。ですから、調査を実施する前に神経を集中して**質問紙をチェックする**必要がありますし、できるだけ**ほかの人にもチェックしてもらう**べきです。さらに、**周囲の人（なるべく複数）に実際に回答してもらって、感想や意見を聞く**ことも不可欠です（この手続きを「プリテスト」と呼ぶことがあります）。

８　質問紙の作成以外で留意すべきこと

(1)　調査の実施前に準備すべきこと

留置法や個別面接法のように調査員が必要な調査では、調査員用のマニュアルの作成と、マニュアルに沿ったしっかりとしたトレーニングが不可欠です。また、マニュアルに不具合がある場合に調査員がそれを報告でき、報告された不具合が速やかに修正され、調査員全員に徹底できるような仕組みを作っておかなければなりません。さらに調査の規模が大きいほど、調査拠点の確保や物品の調達、調査員のマネジメントなど（さらにそのためのマニュアルなど）について、入念に計画立案したうえで実施する必要があることはいうまでもありません。

郵送法の場合には、料金受取人払いや、一都市内で調査を行うのであれば市内特別郵便について、郵便局に相談することから始めるとよいでしょう。料金受取人払いにすると返信１通あたりの郵便料金は高くなりますが、返信されなかった分の郵便料金や、返信用封筒に切手を貼る手間が不要となります。また、宛名などは手書きがよいという考え方もあるようですが、年賀状のように字体などを工夫すれば印刷でよいと思います。封筒詰めは丁寧に行うべきで、詰める前・後でしっかりチェックし、返信用だけでなく送信用の封筒も糊つきのものが便利でしょう。さらに対象者数が多ければ、こうした作業のためのアルバイトも必要でしょう。

(2) 質問紙を回収するときに必要なこと

回収された質問紙をチェックする体制も必要です。留置法や個別面接法では、質問紙に年齢記入欄を設け、サンプリングのときに転記しておいた台帳の生年月日と照合すれば、回答済み質問紙を調査員が偽造してしまう**「メイキング」**のチェックが可能になります。また、対象者が不在だったり、無回答（データとなる数値が欠けているという意味で「欠損値」ともいいます）が多かったり、複数の質問から成る尺度への回答がすべて同じ番号だったりする場合には、無効回答とするか再調査を行うかを、調査員からの状況報告もふまえて決定する必要があります。

選択肢から１つ選ぶところを複数選んでいる場合には、論理的に１つに絞ることができればそのように修正し、できなければ無効回答とするか再調査します。複数の項目から成る尺度への回答のごく一部（せいぜい項目数の２割以内程度）が欠損値の場合には、同じ尺度内のほかの項目に対する回答の平均値を代入してデータを補正することも、データを有効活用するための工夫として許されるでしょう。このように、回収された質問紙の内容をチェックして、データ入力に支障が出そうな部分を手直しする作業のことを、**「エディティング」**と呼ぶことがあります。

このほか、郵送法では回収率アップのため、回答期限が近づいたら**礼状を兼ねた督促状**を発送できるように、前もって計画しておくとよいでしょう。

(3)　データの入力とチェックの仕方

データの入力には統計解析ソフト（エクセルのファイルを読み込める統計解析ソフトならエクセルも可）を使い、回答済み質問紙１人分ごとに入力するのが基本です。質問紙には整理番号をつけ、それをID番号として入力し、プリコーディングされた質問紙であれば横軸に質問文の順番どおりに変数を設定し（例えば、性別、年齢、職業、配偶者の有無、あるいはQ1、Q2、Q3、Q4というふうに）、各変数への回答として選ばれた選択肢の番号や記入された数値などを順次入力していきます（下の入力例のように、性別は男性は1、女性は2、年齢は実年齢、職業は常勤の雇用者1、パートタイムの雇用者2、自営業主または自由業3、自営業の家族従業者4、内職5、無職または専業主婦6、その他は7、配偶者の有無は有は1、無は2という具合に）。選択肢による複数回答の場合は、それぞれの選択肢を変数とし、選ばれたものは1、選ばれなかったものは0を入力します。なお、プリコーディングされていない部分があれば、その部分の回答結果に応じて改めてコードを定め、入力する必要があります。

入力例

ID	性別	年齢	職業	配偶者
1	1	34	1	2
2	2	53	2	1
3	2	46	6	1

対象者数が多く、入力をアルバイトなどに頼むしかない場合には、入力マニュアルを作ったり、アルバイトが迷ったときにすぐ対応できる体制を整えておくと、入力ミスはいくらかは減らせるはずです。しかし、入力ミスを完全に防ぐことは不可能であり、そのチェックは不可欠です。

入力ミスのチェックで最も望ましいのは、入力後のデータをすべてプリントアウトして原本の質問紙と照合することですが、対象者数が多い調査では現実的ではありません。そういう場合は、各変数の度数分布（例えば性別の1が141人など、ある変数について同じ数字または数値を回答した人の数を「度数」といいます）を出力して、変数が取りうるはずがない数字や数値が含まれていないかや、度数の総計が回答者数（「N」または「n」と表記します）より少なくないか（入力し損ねた可能性があります）、最後の変数が空欄になっていないか（いずれかの変数をとばして入力した可能性があります）を調べ、問題があれば原本の質問紙と照合します。また分析中に、例えば初婚で50歳の回答者に40歳の実子がいるというようなデータが出てきたら、質問紙を再点検してそのデータの削除などを検討する必要があります。

なお、データ入力に限ったことではありませんが、**バックアップ**は必ず行ってください。また、入力直後のデータファイルとバックアップファイルはそのまま原本として大切に保管し、分析にはバックアップファイルのコピーを使用することをお勧めします。

第４講のまとめ

① 質問紙調査には留置法、個別面接法、郵送法、集合調査法、電話法などがあり、必要なコストや時間、期待できる回収率などが異なる。

② 全数調査では母集団のメンバー全員を対象者とするが、標本調査ではサンプリング（標本抽出）により母集団のメンバーの一部を選んで対象者とする。標本調査の対象者数は、誤差（標本誤差）の大きさや予測される有効回収率なども考慮して検討する必要がある。

③ サンプリングを行うには台帳が必要であり、選挙人名簿や住民基本台帳を使用するほか、地域の全家屋を台帳とする方法や、固定電話のすべての

番号を台帳とするRDDなどがある。

④　サンプリングの方法には、乱数表などを用いた単純無作為抽出法（単純ランダム・サンプリング）を基本として、系統抽出法、多段抽出法、層化抽出法などがある。

⑤　質問紙を作成する際には、実物の質問紙を参考にする、既存の尺度を活用する、ワーディング・質問文の並べ方・選択肢の作り方に注意する、最大限にプリコーディングされた質問紙を作成する、できあがったらしっかりチェックするといったことが必要である。

⑥　質問紙を回収する際には、必要に応じてメイキングのチェックやエディティングを行ったり、礼状を兼ねた督促状を送付する。

⑦　データを入力したら必ず入力ミスのチェックやバックアップを行う。

第5講

量的データの分析方法

第５講のねらい

以下では、量的データの分析を的確に行うために理解しなければならない最小限のことについて、具体例を示しながらわかりやすく解説します。優れた統計解析ソフトのおかげで、ソフトの操作と出力結果の読み取りができれば分析は行えますが、的確に行えるようになるためにぜひお読みください。

1　単純集計

データの入力が完了すれば、後は自分が知りたかったことについて、統計解析ソフトで分析すればよいわけです。しかし、多くの対象者の協力や自分自身の努力、そして場合によっては調査員やアルバイトの貢献、研究仲間の協力などによってようやくここまで来たわけですから、できる限り多くの知見（研究によりわかったこと）を引き出したいものです。

そこでたいていの場合、まずは**「単純集計」**という作業を行います。これは、カテゴリー変数の場合は各カテゴリーの度数や回答者数に占めるその比率（例えば性別なら、男性何人、何%、女性何人、何%、欠損値があれば不明何人、何%というふうに)、量的変数または尺度の場合は平均値や標準偏差（最大値と最小値を示すこともあります）を、各変数または尺度ごとに算出するものです。「標準偏差」は、当該の変数が取るすべての数値の散らばり具合を、個々の数値と平均値との差をもとに数値化したものです。また、年収のように数値の大きな部分で該当者がわずかずつ延々と並ぶ変数の場合は、「中央値」（全員を数値順に並べたときにその真ん中に位置する人の数値）を示すこともあります。

このような単純集計や、後述するさらなる分析の過程では、カテゴリー変数で該当者がごくわずかなカテゴリーをほかのカテゴリーと統合したり、量的変数または尺度の数値を一定の幅でいくつかのカテゴリーに区切る

（つまりカテゴリー変数とする）ことがあります。前者の例としては、ペットの犬種のカテゴリーで、該当者がわずかな犬種をまとめて「その他」とするとか、該当者が多犬種に分散した状態を、「小型犬」「中型犬」「大型犬」というカテゴリーにまとめるといったことがあります。後者の例としては、年齢を20代、30代のように年齢層別の区分にしたり、性役割意識尺度得点の平均値を境に意識の強い群と弱い群に分けるといったことがあります。こうした操作を、**変数の「リコーディング」**（コーディングのし直し）と呼びます。

単純集計で得られたデータの中でも、年齢、性別といった回答者の属性に関するデータは、回答者がどのような人々であるかを知るのに役立ちます。さらに、そのデータと比較できる国勢調査のデータ（つまり母集団のデータ）があれば、ランダムサンプリングで選び出されるはずの対象者と、どの程度ズレがあるのかを知ることさえできます。

単純集計の次に通常行われるのが**2変数の関連の分析**です。**2変数がともにカテゴリー変数の場合はクロス集計、カテゴリー変数と量的変数の場合は平均値の差、ともに量的変数の場合は相関係数**（正式名称は発明者の名前から「ピアソンの積率相関係数」といいます）により検討します。以下では、これらの分析方法を順次説明していきます。

2　2変数の関連の分析

(1)　クロス集計

次ページの表2をみてください。これは、テレビを長時間視聴する子供に言葉の発達遅滞が多くみられたことが、小児医学の学会で報告されたというメディア報道があり、それをヒントに筆者が試作した架空のデータです。

2変数は「1日のテレビ視聴時間」と「言葉の発達遅滞」で、前者は「3

表2　テレビ視聴時間と言葉の発達遅滞の関連

	1日のテレビ視聴時間	
	3時間未満	3時間以上
言葉の発達遅滞あり	17%	26%
なし	83	74
計	100	100
実　　数	(200)	(402)

時間未満」と「3時間以上」の2つ、後者は「あり」と「なし」の2つのカテゴリーから成るカテゴリー変数であり、各カテゴリーが交差（クロス）するように集計されていることから、「クロス集計」と呼ばれます。2変数のカテゴリーがそれぞれ3つ以上でも、各カテゴリーが交差するように集計されていればクロス集計ということになります。

このクロス集計表（クロス集計の結果を表で示したもので、「クロス表」ともいいます）の例では、「1日のテレビ視聴時間」が独立変数で列、「言葉の発達遅滞」が従属変数で行に設定していますが、独立変数を行、従属変数を列に設定するという考え方もあるようです。筆者としては、とらえやすさを原則に、設定をその都度選択すればよいと考えています。

表2に示された集計結果によれば、「言葉の発達遅滞」がある子の比率は、「1日のテレビ視聴時間」が3時間未満の場合は17%、3時間以上の場合は26%で、後者のほうが9%も多くなっています。とすれば、テレビを長時間視聴する子供に言葉の発達遅滞が多くみられるという意味を、このデータから読み取ってよいのでしょうか。

このデータがランダムに選ばれた対象者から得られたものであれば、読み取ってよいことを確認する手段として、後述する**「統計的検定」**を利用することができます。統計的検定にはいくつかの種類があり、**クロス集計の場合は**χ^2（「カイ二乗」と読みます）**検定**を用います。

しかし、仮に統計的検定で読み取ってよいことが確認されたとしても、読み取ることができるのは、テレビを長時間視聴する子供に言葉の発達遅滞が多くみられるという意味（2変数に関連があるという意味）にとどまります。ですから、例えばテレビを長時間視聴することが言葉の発達遅滞の原因であるという意味（2変数に因果的な関連があるという意味）を読み取りたければ、さらに別の手段が必要となります。というのは、「一見すると関連があるようで実際には関連がない」という、**「疑似相関」**（「擬似相関」とも表記します）と呼ばれる現象があるからです。これについても後述することにして、2変数の関連の話に戻ります。

(2)　平均値の差と相関係数

これらについても、「1日のテレビ視聴時間」と「言葉の発達遅滞」という2変数の関連を例として考えていくことができます。

この2変数について、例えば3歳児検診の会場でデータ収集を行うとします（検診会場をランダムに選ぶことで、ランダムサンプリングができているとします）。そのとき、「1日のテレビ視聴時間」をお母さんなどつき添いの人に回答してもらうとしたら、「3時間未満か3時間以上か」と尋ねるよりも、「だいたい何時間くらいですか」と尋ねるのが自然でしょう。この場合、「1日のテレビ視聴時間」は量的変数であるわけで、量的変数の「1日のテレビ視聴時間」とカテゴリー変数の「言葉の発達遅滞」との関連は、**平均値の差**で検討することになります。つまり、「言葉の発達遅滞」がある子たち（「言葉の発達遅滞あり群」などと呼んだりします）の「1日のテレビ視聴時間」の平均値と、「言葉の発達遅滞」がない子たちの「1日のテレビ視聴時間」の平均値を比較して、前者の平均値が後者の平均値よりもかなり大きければ、テレビを長時間視聴する子供に言葉の発達遅滞が多くみられるという意味を、このデータから読み取れそうだと考えるわけです。

再び3歳児検診でのデータ収集の場面に戻ります。ここで、知能検査をもっと簡略化したようなやり方で、「言葉の発達遅滞」の程度を測定し

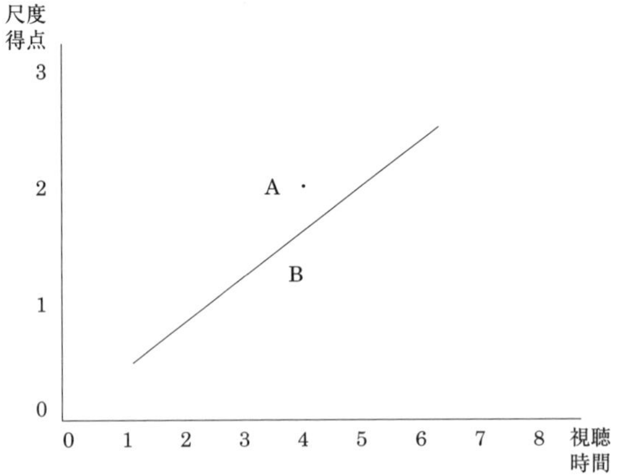

図1　テレビ視聴時間と言葉の発達遅滞尺度得点の関連

て数値化できる尺度があって（実在します）、これを使ったとします。すると、「言葉の発達遅滞」も量的変数なので、ともに量的変数の「1日のテレビ視聴時間」と「言葉の発達遅滞」との関連は、**相関係数**で検討することになります。では、「相関係数」とは何でしょうか。

先ほどは、「1日のテレビ視聴時間」をつき添いの人に回答してもらうなどと書きましたが、調査の真の対象者は検診を受けに来た1人1人のお子さんです。そして、その1人1人のお子さんについて、「1日のテレビ視聴時間」が何時間かと、「言葉の発達遅滞」尺度が何点かというデータが得られることになります。このデータは図1のようにグラフ化することができます。例えば、「1日のテレビ視聴時間」が4時間くらいで、「言葉の発達遅滞」尺度（実在の尺度と異なりますが、3点満点で得点が高いほど言葉の発達が遅れているとします）が2点のお子さんなら、図中のAがそれを表現する点となります。

こうして、対象者であるお子さん全員のデータをこの図に書き込んだとき、すべての点が図中の線分Bとその延長線の上にあるようなら、「1日のテレビ視聴時間」と「言葉の発達遅滞」は正比例（一方の増減と同じ比率だけもう一方も増減する）のような関係にあることになります。このとき、相関係数は最も強い正の関連を意味する１という値になります。その逆に、２変数が反比例のような関係にあることもあり、この場合、相関係数はやはり最も強い負の関連を意味する－１という値になります。

つまり、相関係数（「r」という記号で表します）は－１≦r≦１という範囲の値を取り、値が１や－１に近いほど関連が強く、０に近いほど関連が弱いことを意味します。このことを、２変数の数値を図１のようにグラフ化した場合で考えてみると、各点が線分Ｂとは無関係に方々に散らばっていれば相関係数の値は０となり、各点が線分Ｂの近くに集まっていればいるほど値は１に近くなります。

ですから、相関係数の値がある程度大きければ（一概にはいえませんが例えば0.3くらいあれば）、テレビを長時間視聴する子供に言葉の発達遅滞が多くみられるという意味を、このデータから読み取れそうだと考えるわけです。

以上が、２変数の関連を平均値の差や相関係数により検討する場合の基本的な考え方ですが、テレビを長時間視聴する子供に言葉の発達遅滞が多くみられるという意味を、データから読み取ってよいことを確認する手順は、先ほどのクロス集計の場合と同じです。ただし、言葉の発達遅滞あり群・なし群のような**２群の平均値の差と相関係数の統計的検定にはｔ検定、３群以上の平均値の差の統計的検定には一元配置分散分析と多重比較**を用います（SPSSのような統計解析ソフトでは、２群の平均値の差はｔ検定、３群以上の平均値の差は一元配置分散分析と多重比較で検討するプログラム、相関係数のｔ検定結果は相関係数値とともに算出されるプログラムになっています）。さらに、統計的検定で読み取ってよいことが確認されたとしても、読み取ることができるのは２変数に関連があるという意味にとどまることや、**疑似相関**の可能性が残ることも同様です。以下、このあたりのことを順次解説していきます。

3　統計的検定

(1)　基本的な考え方

ランダムサンプリングであろうとなかろうと、どんなサンプリングでも対象者の偏りは避けられません。ですから、母集団の実態と標本調査のデータの間には必ず多少の誤差があります。そしてこの誤差のために、データから何らかの意味を読み取っても、母集団にあてはまらない誤ったものである可能性があるのです。しかし、**ランダムに選ばれた対象者から得られたデータなら、その意味を読み取ってよいかを統計的検定により確認することができます**。

例えば先述のように、対象者数が100人の標本調査で内閣支持率が50%という場合には、実際の支持率（つまり母集団である全国民における支持率）は95%超の確率で±10%の誤差の範囲、つまり40～60%の間と考えることができます。ということは、もしもサンプリングによる対象者の偏りが大きければ、調査結果が50%でも実際の支持率は40%未満とか60%超ということもありえるわけです。しかし、40～60%の間である確率が95%超ですから、そんなことが起こるのは5%未満という低い確率です。こうした確率を**「有意確率」**（「p」という記号で表します）といい、この例のように**有意確率5%未満を「有意水準」**（有意、つまり統計的に意味が有ると判断する基準）**に設定することが慣例化**しています。

では、対象者数100人の標本調査で内閣支持率が50%のとき、実際の支持率はなぜ95%超の確率で40～60%の間といえるのでしょうか。いまわかっていることは、支持率50%という調査結果のデータだけです。そこで、実際の支持率がこの結果からどのくらいズレていれば、50%というデータが得られる確率が5%を切るか、というふうに考えていきます。このように、**統計的検定では確認したい内容とは逆の仮説を考え、それが実現する確率が5%未満となるか否かを検討します**。そうした仮説のことを、否定したい（無に帰したい）仮説という意味で**「帰無仮説」**と呼びます。

支持率50%というデータが得られる確率は、実際の支持率が50%のときに最も高く、実際の支持率が50%を大きく上回っている、あるいは大きく下回っているほど低くなります。ですから、実際の支持率を横軸にその確率をグラフ化すると、実際の支持率が50%のところを頂点とする左右対称の釣り鐘のような形状になります。この分布を「二項分布」といい、対象者数が50人以上であれば、「正規分布」と呼ばれる分布と同じと考えてよいとされています。ということは、100人という対象者数なら正規分布と考えてまず間違いないわけです。

こうして支持率50%というデータが得られる確率が正規分布している場合、図2のように分布の両端に確率が2.5%未満（合計で5%未満）となる部分が左右対称に現れます。そして、それらが実際の支持率が何%のところかわかれば、支持率50%というデータが得られる確率はその範囲内では95%超、その範囲外では5%未満ということになります。

ここで、正規分布というものの性質が役に立ちます。上述のように支持率50%というデータが得られる確率が正規分布していれば、その確率は

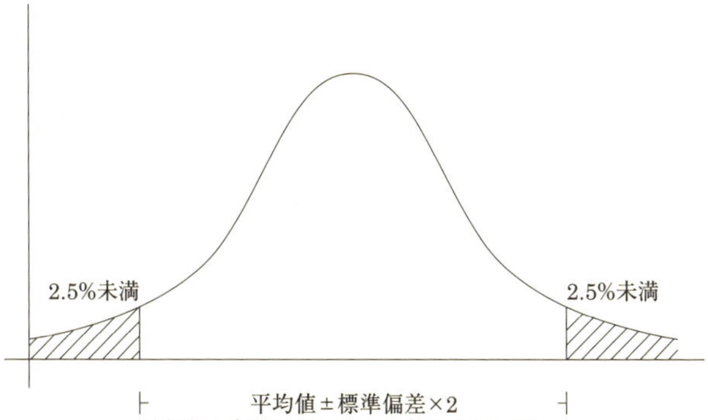

図2　正規分布のイメージ

データの支持率±データの標準偏差×2の範囲内では95%超、範囲外では5%未満となるのです。そして、この場合の標準偏差は次のように計算できます。

$$\frac{\sqrt{支持率\times(1-支持率)}}{\sqrt{対象者数}}=\frac{\sqrt{0.5\times(1-0.5)}}{\sqrt{100}}=\frac{0.5}{10}=0.05$$

ですから、50%というデータが得られる確率は0.5±0.05×2、つまり40～60%の間なら95%超、その範囲外では5%未満といえるのです。

さらにこの計算式から、分母を構成する対象者数が多いほど標準偏差が小さくなることがわかりますが、対象者数が多いほど母集団の実態と調査結果との誤差が小さくなることは、すでにみたとおりです。一方、対象者数が100人の場合には上述ほどの大きな誤差があるのですから、内閣支持率がこの誤差の分を含めて50%を大きく上回っていなければ、国民の過半数が内閣を支持しているという意味をデータから読み取るのは、間違っている可能性があります。逆にいえば、対象者数が少ない調査では有意な（統計的に意味のある）データは得にくいわけです。

(2)　χ^2（カイ二乗）検定

では、言葉の発達遅滞がある子の比率が、1日のテレビ視聴時間が3時間未満の場合は17%、3時間以上の場合は26%という表2の事例ではどうでしょうか。この事例は対象者数がかなり多く、数値の差も大きいので、言葉の発達遅滞がある子の比率は、1日のテレビ視聴時間が3時間未満の場合よりも、3時間以上の場合のほうが高いということが、母集団にもあてはまりそうです（統計的検定で有意なら「有意に高い」と表現します）。

この事例のように、**2つのカテゴリー変数の関連について統計的検定を行う場合は、「χ^2（カイ二乗）検定」を用います**。1日のテレビ視聴時間

表3　テレビ視聴時間と言葉の発達遅滞の観測度数と期待度数

	1日のテレビ視聴時間	
	3時間未満	3時間以上
言葉の発達遅滞あり	34（45.5）　人	103（91.5）　人
なし	166（154.5）	299（310.5）
計	200（200）	402（402）

（　）内は期待度数

が3時間未満・3時間以上と、言葉の発達遅滞があり・なしという2変数にまったく関連がなければ、1日のテレビ視聴時間が3時間未満の場合でも3時間以上の場合でも、言葉の発達遅滞がある子とない子の比率はまったく同じになるはずです。これを帰無仮説としてχ^2検定を行います。

表3をみてください。帰無仮説から論理的に算出できる各カテゴリーの該当者数を「期待度数」、実際にデータとして得られた各カテゴリーの該当者数を「観測度数」といいます。χ^2値は観測度数と期待度数が異なる程度を示す数値で、観測度数と期待度数が同じ値ならゼロとなります。

先述のサンプリングによる対象者の偏りのため、2変数に関連がない場合でも観測度数と期待度数は多少は異なっています。ですが、観測度数と期待度数が大きく異なっていればいるほど（これにともなってχ^2値も大きくなります）、2変数に関連がない可能性は小さくなります。この可能性を先述の有意水準にもとづき、有意確率が5%未満ならば「2変数に関連はない」とはいえないと判断しますが、「2変数に有意な関連がある」と表現するよりも、例えば「言葉の発達遅滞がある子の比率は、1日のテレビ視聴時間が3時間以上の場合に有意に高い」などと表現します。

上記事例のχ^2値の計算式と、統計解析ソフトのSPSSによる計算結果および有意確率は次ページのとおりです（小数点の前の0は表記上省略することができます）。

$$\chi^2=(34-45.5)^2\div45.5+(166-154.5)^2\div154.5+(103-91.5)^2\div91.5+(299-310.5)^2\div310.5=5.648、p=.017$$

このように、χ^2検定では２変数に関連があることはわかりますが、関連の強さまではわかりません。そこで関連の強さを知るために、**「クラマーの関連係数」**（「クラマーのV」、「クラマーのコンティンジェンシー係数」ともいい、「V」という記号で表されます）がよく用いられます。クラマーの関連係数は０～１の間の値を取り、１に近いほど関連が強いことになります。上記の事例でその値と有意確率を計算すると、V＝.097、p＝.017で、関連があるといってもかなり弱いことがわかります。

(3)　t検定

言葉の発達遅滞あり群となし群で、１日のテレビ視聴時間の平均値に差があるかを検討する事例のように、**カテゴリーが２つのカテゴリー変数と量的変数の関連について統計的検定を行う場合は、「t検定」を用います。**言葉の発達遅滞の有無と、１日のテレビ視聴時間の平均値という２変数にまったく関連がない場合には、言葉の発達遅滞あり群となし群でテレビ視聴時間の平均値は同じ値となり、差がないはずです。これを帰無仮説としてt検定を行います。

χ^2検定の場合と同様に、サンプリングによる対象者の偏りのため、２変数に関連がなくても２群のテレビ視聴時間の平均値は多少は異なっています。しかし、テレビ視聴時間の平均値の差が大きいほど、かつ、各群における対象者１人１人のテレビ視聴時間の違い（これを「分散」といい、各群におけるテレビ視聴時間の平均値との差にもとづいて算出されます）が小さいほど（これらにともなってt値は大きくなります）、２変数に関連がない可能性は小さくなります。

ここで、やや複雑な話が加わるのですが、言葉の発達遅滞あり群に属す

表4　言葉の発達遅滞あり群・なし群のテレビ視聴時間に関するｔ検定の結果

	F 検定の結果		t 検定の結果		
	F 値	p 値	t 値	自由度	p 値
等分散を仮定する	8.733	.003	−4.438	600	.000
等分散を仮定しない			−4.086	198.762	.000

る各対象者のテレビ視聴時間の分散と、なし群に属する各対象者のテレビ視聴時間の分散が同じとみなせるかみなせないかで、算出されるｔ値や有意確率が異なります。そこで、SPSSのような統計解析ソフトでは、２群の各データの分散が同じとみなせる場合とみなせない場合（前者を「等分散を仮定する」、後者を「等分散を仮定しない」と表現します）の両方のｔ値と、それぞれの有意確率が算出されるとともに、２群間で各対象者のテレビ視聴時間の分散が同じとみなせる、つまり２群の分散の比（「F値」といいます）が１となるという帰無仮説について、統計的検定（F検定）を行った結果が示されます。

表４は、言葉の発達遅滞あり群・なし群のテレビ視聴時間の各平均値について、ｔ検定を行った結果です。この例では、F検定の結果が有意なので、２群間で各対象者のテレビ視聴時間の分散が同じとみなせるとはいえないことになり、等分散を仮定しない場合のほうのｔ値と有意確率がｔ検定の最終結果となります。

この最終結果の有意確率が５％未満ならば、「２変数に関連はない」とはいえないと判断しますが、「２変数に有意な関連がある」と表現するよりも、例えば「言葉の発達遅滞あり群となし群で、１日のテレビ視聴時間の平均値に有意差がある」などと表現します。

(4)　一元配置分散分析と多重比較

ｔ検定は、言葉の発達遅滞あり・なしというように、カテゴリーが２つのカテゴリー変数のカテゴリー間で、テレビ視聴時間のような量的変数の平均値の差を検討する場合に用いますが、**カテゴリーが３つ以上のカテゴリー変数の場合はｔ検定ではなく、「一元配置分散分析」と「多重比較」という方法を用います**。この方法により、３つ以上のカテゴリー間で量的変数の平均値の差を一挙に検討することができます。

２変数に関連がなければ、各カテゴリーにおける平均値はすべて同じになるはずですが、一元配置分散分析ではこれを帰無仮説としてＦ検定を行います。例えば、言葉の発達遅滞あり・なし以外に、遅滞があるともないともいえない中間というカテゴリーがあり、この３カテゴリーにおけるテレビ視聴時間の平均値についてＦ検定を行う場合、各カテゴリーにおけるテレビ視聴時間の平均値の違い（対象者全員のテレビ視聴時間の平均値との差にもとづいて計算された分散）が大きいほど、かつ、各カテゴリーにおける対象者１人１人のテレビ視聴時間の違い（各カテゴリーにおけるテレビ視聴時間の平均値との差にもとづいて計算された分散）が小さいほど（これらにともなってＦ値が大きくなります）、２変数に関連がない可能性は小さくなります。そしてこの可能性を、有意水準にもとづいて判断します。

一元配置分散分析で有意というのは、各カテゴリー間で平均値に有意差があるということであり、どのカテゴリー間における平均値の差が有意なのかまではわかりません。そこで、そのことを知るために多重比較を行います。SPSSのような統計解析ソフトでは、多重比較はさまざまな方法から選択できるようになっていますが、中でも「テューキー法」がよく用いられているようです。

(5)　相関係数の検定

１日のテレビ視聴時間と言葉の発達遅滞尺度の得点に関連があるかを検討する事例のように、**量的変数どうしの関連について統計的検定を行う場合は、相関係数のｔ検定を用います**。１日のテレビ視聴時間と言葉の発達遅滞尺度得点にまったく関連がない場合には、２変数間の相関係数の値は

0になるはずです。これを帰無仮説としてt検定を行います。

これまでの検定の場合と同様に、サンプリングによる対象者の偏りのため、2変数に関連がなくても相関係数はたいてい0以外の値を示します。しかし、相関係数の値が大きいほど、かつ、対象者が多いほど（これらにともなってt値は大きくなります）、2変数に関連がない可能性は小さくなります。ですから、対象者数が何百人という規模なら、相関係数の値が相当小さくても有意になります。

先述のように、SPSSのような統計解析ソフトでは、相関係数のt検定の結果は相関係数の値とともに算出されるプログラムになっています。その有意確率が5%未満ならば、「2変数に関連はない」とはいえないと判断し、「2変数に有意な関連がある」などと表現します。

(6)　対象者が一定数以上のデータについて統計的検定を行う意味

この「3　統計的検定」の冒頭で、ランダムに選ばれた対象者から得られたデータなら、そのデータから特定の意味を読み取ってよいかを、統計的検定により確認することができると述べました。しかし現実には、対象者をランダムに選んでいなかったとしても、対象者が50人くらいかそれ以上なら、たいてい統計的検定が行われています。ランダムに選ばれた対象者から得られたデータでなければ、統計的検定を行うのは無意味というのが大原則であるにもかかわらず、この大原則に反してそんなことをする意味はいったいどこにあるのでしょうか。

これまでサンプリングや統計的検定の説明でくり返し述べたように、ランダムなサンプリングでもたまたま対象者が偏ってしまうことは避けられません。統計的検定はこの偏りが偶然の産物であることを利用して、そのことを考慮に入れてもなお、得られたデータの分析結果が偶然ではないことを確かめるための工夫といえます。だからこそ、ランダムに選ばれた対象者から得られたデータでなければ、統計的検定を行うのは無意味というのが大原則なのです。

ですが、ランダムなサンプリングで対象者が偏るのと裏腹に、ランダムでないサンプリングで選ばれた対象者の偏りがそれと同程度かより小さいということも、可能性がまったくないとはいえないでしょう。とくに、例えばたいていの大学生とか、たいていの高齢者に共通しているようなことに関するデータは、その人々がどの大学・学部の学生かとか、どの地域の高齢者かといった要因には影響されにくいはずです。そういったデータであれば、研究者が接近しやすいという意図的な理由で、特定の大学・学部の学生や特定の地域の高齢者を対象者として得たものであっても、統計的検定を行うのがまったく無意味とまではいえないでしょう。

対象者が一定数以上のデータについて統計的検定を行うことの意味は、だいたいこのようなことだと考えられます。

4 疑似相関と因果の方向性

表2のクロス集計のデータからは、テレビを長時間視聴する子供に言葉の発達遅滞が多くみられるという意味を読み取れそうであり、χ^2検定によってそう読み取ってよいことも確認できました。ところが先述のように、「一見すると関連があるようだが、実際には関連がない」という**疑似相関**ということがあるために、テレビを長時間視聴することが言葉の発達遅滞の原因であるという意味を、このデータから直ちに読み取るわけにはいかないのです。

子供の言葉の発達に影響を与えると考えられるものは、テレビの視聴以外にもいくつもありそうです。そして、そうしたものの中にこそ本当の原因があり、その原因がテレビの視聴にも影響することで、子供の言葉の発達とテレビの視聴に関連があるようにみえているだけ（つまり疑似相関）かもしれません。

表5　テレビ視聴時間、親きょうだいとの会話、言葉の発達遅滞の関連

	テレビ視聴3時間未満		テレビ視聴3時間以上	
	会話多い	会話少ない	会話多い	会話少ない
言葉の発達遅滞あり	14%	30%	12%	30%
なし	86	70	88	70
計	100	100	100	100
実　　数	(160)	(40)	(100)	(302)

このことについて検討するため、同じ子供たちを対象者として、1日のテレビ視聴時間と言葉の発達遅滞だけでなく、親きょうだいとの会話が多い・少ないについても調査したところ、表5のようなデータが得られたとしましょう。このデータでは、テレビ視聴が3時間未満でも3時間以上でも、そのことに関係なく会話が少ない子では言葉の発達遅滞が3割もみられるのに対し、会話が多い子では言葉の発達遅滞はその半分以下の13%前後しかみられません。

なぜこんなことが起こるかというと、親きょうだいとの会話とテレビ視聴時間に関連があるからです。テレビ視聴時間が長いほど親きょうだいとの会話が少なくなるというのはありそうなことです。実際、表5の（　）内の実数に着目すると、テレビ視聴が3時間未満の場合は会話が多い子が少ない子の4倍ほどなのに対し、テレビ視聴が3時間以上の場合は会話が多い子が少ない子の3分の1ほどになっています。

このように、**疑似相関のせいでデータから誤った意味を読み取る可能性があります。それを防ぐには、データの意味を読み取るときに常に疑似相関を疑うことでしょう**。そうすれば、「テレビを長時間視聴する子供に言葉の発達遅滞が多くみられた」との学会報告から、「テレビを長時間視聴することが言葉の発達遅滞の原因である」とか、だから「子供に長時間テレビをみせてはならない」といった意味を、直ちに読み取ってしまうことはないはずです。

一方、統計的に有意な2変数の関連が疑似相関でない場合には、2変数

に因果的な関連があるという意味を読み取ってよいことになります。しかし、どちらが独立変数でどちらが従属変数かという**因果の方向性の判断は、時間的な前後関係が明白といったことがなければ難しく、両方向の因果的関連を想定できることもあります**。例えば、高齢者の「社会参加」と「健康状態」に因果的関連があるとすると、「社会参加」を多く行うほど「健康状態」がよくなるという関連も、「健康状態」がよいほど「社会参加」を多く行っているという関連も想定できます。

また、**疑似相関かどうかの判断には多変量解析の利用が効果的**ですが、まずはその前提となる変数のコントロールのことを説明します。

5　変数のコントロール

表5は、テレビ視聴時間、親きょうだいとの会話という2つの変数が言葉の発達遅滞の原因と考えられる中、親きょうだいとの会話という変数が、言葉の発達遅滞と本当に関連があるのかを検討するためのデータといえます。このように、**原因とされる変数（独立変数）が2つ以上ある中で、そのうちの1つの独立変数が、結果とされる変数（従属変数）と関連があるかどうかを検討するには、従属変数に対するそれ以外の独立変数の影響を排除するために、そうした独立変数をコントロールする必要があります**。

表5では、テレビ視聴時間という独立変数をコントロールするため、子供たちをテレビ視聴が3時間未満の群と3時間以上の群に分け、それぞれの群の中でさらに会話が多い子と少ない子で、言葉の発達遅滞がある子・ない子の比率に違いがあるかを比較しています。こうすることで、言葉の発達遅滞に対するテレビ視聴時間の影響を排除して、言葉の発達遅滞と親きょうだいとの会話の関連だけをみることが可能になるわけです。

次に、表6をみてください。これは、先述の『自殺論』という著作の中でも、とりわけ重要なデータを示した表の一部です。この表の縦軸では、

表6　フランス：年齢・性・身分別の人口100万あたりの自殺件数(1889-91、年平均)

	年　齢	未婚者	既婚者	やもめ
男性	15 - 20	113	500	
	20 - 25	237	97	142
	25 - 30	394	122	412
	30 - 40	627	226	560
	40 - 50	975	340	721
	50 - 60	1434	520	979
	60 - 70	1768	635	1166
	70 - 80	1983	704	1288
	80 以上	1571	770	1154
女性	15 - 20	79.4	33	333
	20 - 25	106	53	66
	25 - 30	151	68	178
	30 - 40	126	82	205
	40 - 50	171	106	168
	50 - 60	204	151	199
	60 - 70	189	158	257
	70 - 80	206	209	248
	80 以上	176	110	240

出典：『自殺論』宮島訳、p. 205
ただし、「抑止率」のデータを削除し、また「男子」を「男性」、「女子」を「女性」に変更した。

データがまず男性と女性に区分され、さらに男性と女性それぞれで、10代後半、20代前半というふうに年齢層別に分けられています。このように性別・年齢層別にデータを示した表は、官公庁統計をはじめよくみかけるものですが、実はこうすることで、性別と年齢という2つの変数がコントロールされているのです。

自殺という従属変数に対し、女性よりも男性のほうが自殺率が高いという性の影響や、年齢が上がるほど自殺率が高くなるという年齢の影響が考えられるのに、性別・年齢層別に分けられていなかったとしたらどうでしょう。その場合、未婚・既婚・やもめ（配偶者と死別した人のことです）という婚姻状態の違いで自殺率が異なっていたとしても、それが婚姻状態の違いによるのか、性の違いによるのか、年齢の違いによるのか、判断のしようがありません。

そこで表6では、まず男性と女性に分けてデータを示すことで性という変数の影響を排除し、さらに年齢層別に分けてデータを示すことで年齢という変数の影響を排除することにより、自殺に対する婚姻状態の違いの影響だけを検討できるようにしているのです。

さらにこの表では、年齢層と婚姻状態が同じ男女の自殺率をそれぞれ比較することで、女性よりも男性のほうが自殺率が高いという性の影響を確認することもできますし、性別と婚姻状態が同じ人の年齢層別の自殺率をそれぞれ比較することで、年齢が上がるほど自殺率が高くなるという年齢の影響を確認することもできます。

6　多変量解析

(1)　従属変数がカテゴリー変数の場合の多変量解析

前節の言葉の発達遅滞や『自殺論』の例のように、**従属変数と複数の独立変数との関連を検討する場合、「多変量解析」と呼ばれる分析方法を用いると、従属変数と各独立変数との関連が疑似相関なのかどうかや、それぞれの関連がどの程度の強さなのかを、ほかの独立変数をすべてコントロールした状態で判断することができます**。また、多変量解析では、用いる変数を従属変数と独立変数の関連として表現したものを**「モデル」**、何らかの変数をモデルにおける独立変数として用いることを「(独立変数として) 投入する」といいます。

多変量解析には多くの方法がありますが、**従属変数がカテゴリー変数であり、言葉の発達遅滞あり・なしのようにカテゴリーが2つなら「ロジスティック回帰分析」、3つ以上なら「多項ロジスティック回帰分析」がよく用いられる**ようです。ロジスティック回帰分析、多項ロジスティック回帰分析のいずれも、独立変数はカテゴリー変数でも量的変数でもかまい

表７　言葉の発達遅滞ありとの関連

独立変数	オッズ比
テレビ視聴時間３時間未満（vs. ３時間以上）	1.074（.786）
親きょうだいとの会話が少ない（vs. 多い）	2.969（.000）

（　）内はワルドの χ^2 によるｐ値

ませんが、SPSS のような統計解析ソフトでは、分析の途中でどの独立変数がカテゴリー変数で、どの独立変数が量的変数かを指定するプログラムになっています。

また、独立変数がカテゴリー変数で、例えば１日のテレビ視聴時間が３時間未満が１、３時間以上が２として入力されている場合は、数字が大きい後者のほうが自動的に**「参照カテゴリー」**となります。参照カテゴリーとは比較の基準となるカテゴリーという意味ですが、後ほど分析結果の例を使って具体的に説明します。さらに多項ロジスティック回帰分析の場合は、従属変数のカテゴリーのうち１つを参照カテゴリーに指定する必要があります。

表７は、言葉の発達遅滞の事例について、統計解析ソフトの SPSS を用いて行ったロジスティック回帰分析の結果を示したものです。言葉の発達遅滞あり・なしというカテゴリー変数が従属変数、１日のテレビ視聴時間が３時間未満・３時間以上というカテゴリー変数と、親きょうだいとの会話が多い・少ないというカテゴリー変数が独立変数というモデルです。また、従属変数の言葉の発達遅滞はありが１、なしが０、独立変数の１日のテレビ視聴時間は３時間未満が１、３時間以上が２、親きょうだいとの会話は少ないが１、多いが２として入力されており、独立変数については２として入力されたほうのカテゴリーが参照カテゴリーとなります。

ロジスティック回帰分析で最も重要な分析結果は、「オッズ比」とその有意確率です。使用した統計解析ソフトでは、オッズ比は「Exp（B)」という欄に、有意確率はその左隣の欄に表示されるようになっています。

オッズ比は、当該のカテゴリーでは参照カテゴリーに比べて、従属変数の現象が何倍起こりやすいかを意味する数値です。ですから表7のデータから、1日のテレビ視聴時間が3時間未満の子は3時間以上の子に比べて、言葉の発達遅滞が1.074倍起こりやすいが、これは有意ではないからそのようにはいえない。一方、親きょうだいとの会話が少ない子は多い子に比べて、言葉の発達遅滞が2.969倍起こりやすく、しかも有意なのでそういってよい、ということになります。さらにこの結果から、関連がありそうにみえた1日のテレビ視聴時間と言葉の発達遅滞は、実際には直接的な関連はなく疑似相関だったこともわかります。

この事例では、独立変数はカテゴリーが2つのカテゴリー変数でしたが、カテゴリーが3つ以上の場合でももちろん分析は可能です。例えば、テレビ視聴時間が2時間未満が1、2時間以上4時間未満が2、4時間以上が3というデータであれば、4時間以上を参照カテゴリーとして、2時間未満、2時間以上4時間未満という2つのカテゴリーについて、オッズ比とその有意確率が算出されることになります。

(2)　従属変数が量的変数の場合の多変量解析

従属変数が量的変数の場合には、独立変数もすべて量的変数なら「重回帰分析」、独立変数がすべてカテゴリー変数なら「多元配置分散分析」、カテゴリー変数と量的変数が混ざっているなら「共分散分析」がよく用いられるようです。ちなみに、多元配置分散分析のカテゴリー変数を1つにしたものが、先述の一元配置分散分析ということになります（独立変数と従属変数が逆という違いもありますが、この違いは変数間の関連自体には影響しません）。

重回帰分析の分析結果では、従属変数に対する各独立変数の影響力の大きさを示す「標準化回帰係数」（「標準化偏回帰係数」、「標準化係数」ともいい、「β」という記号で表されます）**の値とその有意確率、モデルの「説明力」**（分析に用いた独立変数で従属変数をどの程度説明できるか）**を示す「調**

表8　言葉の発達遅滞尺度得点との関連

独立変数	β	p 値	VIF
テレビ視聴時間	.010	.703	1.185
親きょうだいとの会話	−.798	.000	1.185

調整済み R^2 = .641

整済み R^2」の値、標準化回帰係数の値を不安定にさせる独立変数どうしの関連（これを「**多重共線性**」といいます）**が生じる可能性を示す「VIF」の値、といったものが重要です。**VIF 値については、大半の独立変数で 2 点以上なら、ほかの独立変数と関連の強い独立変数をモデルから外すなどしたほうがよいと思います。

表 8 は、言葉の発達遅滞の事例について、統計解析ソフトの SPSS を用いて行った重回帰分析の結果を示したものです。言葉の発達遅滞尺度得点が従属変数、1 日のテレビ視聴時間と、親きょうだいとの会話を 4 段階で尺度化した得点が独立変数というモデルです。VIF の値から多重共線性の懸念はなく、モデルの説明力も 64％と十分です。また、1 日のテレビ視聴時間と言葉の発達遅滞尺度得点の関連は、相関係数を算出すると 0.325 で有意なのですが、この重回帰分析の結果では有意ではないので、疑似相関であることがわかります。

なお、重回帰分析では独立変数を投入する際に、説明力が一定の基準に満たない独立変数を自動的に排除する、「ステップワイズ」という方法を選ぶことができます。この方法は、独立変数が少なくても説明力の高いモデルを見出すのには適していますが、疑似相関の確認には必ずしも適していません。ですから、いつでも「ステップワイズ」がベストというわけではないことに注意してください。

多元配置分散分析や共分散分析の場合、SPSS のような統計解析ソフトでは、分析の途中でどの独立変数がカテゴリー変数で、どの独立変数が量的変数かを指定します。そして、従属変数に対する各独立変数単独の影響

（**「主効果」**といいます）だけでなく、独立変数どうしの関連が及ぼす影響（**「交互作用」**といいます）も分析することができます。ただし、分析結果からはそうした主効果や交互作用が有意かどうかがわかるだけなので、F値とその有意確率、自由度（英語の頭文字である「df」という記号で表します）といったものが重要な結果となります。

(3)　因子分析

1)　探索的因子分析と確証的因子分析

多変量解析では、上述のような従属変数と複数の独立変数の関連を分析する方法のほかに、複数の変数を分類する**「因子分析」**という方法もよく用いられます。因子分析は、変数のうちのいくつかと強い関連を持つ「因子」というものを想定し、この因子との強い関連にもとづいて、変数を因子ごとのグループに分類します。

第2講「5　加算尺度」で述べたように、筆者は性役割意識を測定する尺度の開発を行ったことがあります。この尺度開発では、まず理論的・実証的な先行研究を検討し、その結果にもとづいて性役割意識に関する35項目の質問を用意しました。さらに、名古屋市在住の45～53歳の女性500人を住民基本台帳を用いてランダムに選び、自記式質問紙により5段階で尋ねて388人から有効回答を得ました。そして、そのデータを用いて因子分析を行ったのです。

因子分析には**「探索的因子分析」**と**「確証的因子分析」**がありますが、確証的因子分析で用いられる「共分散構造分析」は簡単に説明するのが難しいので、本書では探索的因子分析についてだけ説明することにします。共分散構造分析とその確証的因子分析への適用については、山本嘉一郎・小野寺孝義編著『Amosによる共分散構造分析と解析事例』（第2版、ナカニシヤ出版、2002年）や、小塩真司『はじめての共分散構造分析―Amosによるパス解析―』（東京図書、2008年）などをみてください。

2)　因子数の決定

探索的因子分析の第一段階は、因子数を決定することです。SPSSのような統計解析ソフトでは、因子の「固有値」（尺度全体の測定結果に対するその因子の説明力）が１以上という条件を設定し、因子の抽出方法と回転方法の中からそれぞれ１つずつ方法を選択し、さらに**「スクリープロット」**（各因子の固有値を値の大きい順に左から並べて折れ線グラフで示したもの）が出力される設定として分析を実行します。**因子の抽出方法と回転方法**は、かつては「主因子法」と「バリマックス回転」がよく用いられていましたが、近頃は**「最尤法」と「プロマックス回転」**がよく用いられているようです。

因子の回転方法は「直交回転」と「斜交回転」に二分され、前者は因子どうしは独立であること、後者は因子どうしは関連があることを前提としています。しかし、データ収集は性役割意識のように特定の現象に関する質問だけで行われることが多く、因子どうしは関連がなく独立しているという直交回転の前提は成立しにくいはずです。このため、直交回転であるバリマックス回転よりも、斜交回転であるプロマックス回転がよく用いられるようになったと思われます。なお、斜交回転を用いた分析では因子間の相関係数の値が算出されるので、分析結果として提示しておくとよいでしょう。

この最初の分析結果では、とくにスクリープロットが役に立ちます。上述のような折れ線グラフとして出力されたスクリープロットは、最初は急激に低下し、あるところから低下がなだらかになって直線に近づくという軌跡になります。この軌跡で、低下がなだらかになる直前の因子を目視により特定し、因子数をそこまでとします。

しかし、因子数はこれで最終決定というわけではありません。ここで決めた因子数でとりあえず後述する第二段階の分析を行いますが、その結果にもとづいて因子を命名（これについても後述します）しにくかったり、各因子の「寄与率」（尺度全体の測定結果のうち、その因子で説明できる割合）の合計が50%をかなり下回っていれば、因子数を１つ増やしたり減らしたりして、再び第二段階の分析を行うことになります。

3)　質問項目の分類

第二段階の分析は、因子数を指定したうえで、第一段階と同じ因子の抽出方法と回転方法で行います。その結果で重要なのは、因子回転後の各因子に対する各質問項目の「因子負荷量」です。１つ１つの質問項目について、各因子に対する因子負荷量を比べると、たいていはそのうちの１つの数値が大きくなっています。これは、その質問項目とその因子との関連が強いということです。因子負荷量の数値が大きいけれどもマイナスがついている場合は、質問の仕方が裏返しになっているだけで（そういう質問項目を「逆転項目」と呼びます)、関連が強いことに変わりはありません。そして、このような**特定因子との強い関連にもとづいて、質問項目を因子ごとのグループに分類することができる**のです。

ここで多くの場合、どの因子に対しても高い負荷量を示さない質問項目が出てきます。そういう項目は基本的には除去するのですが、数値がどのくらいなら高い因子負荷量といえるかについての一律の基準はありません。そこで、おおよそ 0.4 ～ 0.5 を目安として、除去する質問項目が多くなりすぎないような基準を設定します。また、複数の因子に対して同じように高い因子負荷量を示す質問項目があっても、再度の分析では異なる結果となる可能性があるので、この段階では除去せずに残しておきます。そして、基準に達しない質問項目を除去したデータについて、再度同じ設定で因子分析を行うのですが、それでもわずかながら基準に達しない質問項目が出てきてしまうことがあります。その場合は基準に達しない質問項目が出てこなくなるまで同じ操作をくり返します。

4)　因子の命名

分析の第三段階は因子の命名です。先述の性役割意識尺度を開発するために行った探索的因子分析では、因子数は4、因子負荷量の基準は0.45として、これに達しない質問項目をくり返し除去することで21項目が残り、さらに確証的因子分析で引っかかった1項目を除去して、最終的に20項目となりました。この20項目のうち、第1因子の負荷量が高かった7項目は、長男やその配偶者が親の扶養や家系の継続の主な責任を負うという、「家」のメンバーとしての態度に関わるものでした。第2因子の負荷量が高かった4項目は、男性も家庭役割にもっと関わるべきという、家庭に関連した平等主義的な態度に関わるものでした。第3因子の負荷量が高かった6項目は、収入をともなう仕事や権限の大きな仕事はもっぱら男性のものという、仕事に関連した保守的な態度に関わるものでした。第4因子の負荷量が高かった3項目は、女性は家庭役割を重視すべきという、家庭に関連した保守的な態度に関わるものでした。

このため、第1因子を「家的態度」、第2因子を「家庭関連の平等主義的態度」、第3因子を「仕事関連の保守的態度」、第4因子を「家庭関連の保守的態度」と命名することができると判断しました。さらに、4因子の寄与率の合計が49.1%に達したので、ここまでで分析を終了しました。ついでに述べておくと、この4因子を尺度としたときのクロンバックのα係数の値は0.74～0.886で、一定の信頼性があることが確認できました。この尺度の詳細を知りたい場合は、儘田徹・中山和弘「異なる性役割態度の併存とその関連要因に関する検討」（『国立女性教育会館研究ジャーナル』第10号、2006年）をみてください。

第５講のまとめ

①　量的データの分析ではたいていまず単純集計が行われる。また、単純集計やさらなる分析の過程で変数のリコーディングが行われることがある。

② 単純集計の次に通常行われるのが2変数の関連の分析である。2変数がともにカテゴリー変数の場合はクロス集計、カテゴリー変数と量的変数の場合は平均値の差、ともに量的変数の場合は相関係数により検討する。

③ データがランダムに選ばれた対象者から得られたものであれば、そのデータから何らかの意味を読み取ってよいことを確認する手段として、統計的検定を利用することができる。統計的検定では有意確率5%未満を有意水準に設定することが慣例化しており、帰無仮説が実現する確率が5%未満となるか否かを検討する。

④ 2変数の関連の統計的検定では、2変数がともにカテゴリー変数（クロス集計）の場合はχ^2検定、カテゴリーが2つのカテゴリー変数と量的変数（2群の平均値の差）の場合はt検定、カテゴリーが3つ以上のカテゴリー変数と量的変数（3群以上の平均値の差）の場合は一元配置分散分析と多重比較、ともに量的変数（相関係数）の場合はt検定を用いる。また、χ^2検定ではわからない2変数の関連の強さを知るにはクラマーの関連係数、一元配置分散分析後の多重比較にはテューキー法がよく用いられる。

⑤ 2変数の関連の分析では、疑似相関と因果の方向性に留意する必要がある。疑似相関のせいでデータから誤った意味を読み取る可能性もあり、データの意味を読み取るときには常に疑似相関を疑ったほうがよい。また、疑似相関かどうかの判断には多変量解析の利用が効果的である。一方、因果の方向性の判断は時間的な前後関係が明白といったことがなければ難しく、両方向の因果的関連を想定できることもある。

⑥ 独立変数が2つ以上ある中で、そのうちの1つの独立変数が従属変数と関連があるかどうかを検討するには、従属変数に対するそれ以外の独立変数の影響を排除するために、そうした独立変数をコントロールする必要がある。また、従属変数と複数の独立変数との関連の検討に多変量解析を用いると、従属変数と各独立変数との関連が疑似相関なのかどうかや、それぞれの関連がどの程度の強さなのかを、ほかの独立変数をすべてコントロールした状態で判断することができる。

⑦ 従属変数がカテゴリー変数の場合の多変量解析では、従属変数のカテゴリーが2つならロジスティック回帰分析、3つ以上なら多項ロジスティック回帰分析がよく用いられる。ロジスティック回帰分析で最も重要な分析

結果はオッズ比とその有意確率であり、オッズ比の数値は、当該のカテゴリーでは参照カテゴリーに比べて、従属変数の現象が何倍起こりやすいかを意味する。

⑧　従属変数が量的変数の場合の多変量解析では、独立変数もすべて量的変数なら重回帰分析、独立変数がすべてカテゴリー変数なら多元配置分散分析、カテゴリー変数と量的変数が混ざっているなら共分散分析がよく用いられる。重回帰分析の分析結果では、従属変数に対する各独立変数の影響力の大きさを示す標準化回帰係数の値とその有意確率、モデルの説明力を示す調整済み R^2 の値、多重共線性が生じる可能性を示す VIF の値が重要である。また、多元配置分散分析や共分散分析では、従属変数に対する各独立変数の主効果だけでなく、独立変数どうしの関連の交互作用も分析することができる。

⑨　因子分析には探索的因子分析と確証的因子分析があるが、このうちの探索的因子分析の第一段階は因子数を決定することである。その際、因子の抽出方法と回転方法を選択する必要があるが、最尤法とプロマックス回転がよく用いられる。また、因子数の決定にはスクリープロットが役立つ。第二段階の分析は因子数を指定したうえで、第一段階と同じ因子の抽出方法と回転方法で行う。その結果で重要なのは各因子に対する各質問項目の因子負荷量であり、これにもとづいて各質問項目を因子ごとのグループに分類する。そして第三段階として、各因子の命名を行う。

第6講

質的データの収集方法
—インタビューと参与観察—

第6講のねらい

質的データの主要な収集方法にはインタビューと参与観察（参加観察）がありますが、以下ではインタビューを中心に、すぐにでも実行できるように具体的に解説します。インタビューは初めてという方には、「4　インタビューガイドの作り方と使い方」と「5　インタビュー進行上の留意事項」が、とくに役に立つと思います。

1　インタビュー、参与観察、フィールドワーク

インタビューと**参与観察（参加観察）**というと、それぞれがまったく別のものだという印象を持たれるかもしれませんが、実はそうではありません。対象者の話をうかがうのがインタビューの中心であることは確かですが、並行して対象者やその場の状況の観察もよく行われますし、参与観察でも対象者の話をうかがうことがしばしばあります。

そこで本書では、対象者の話をうかがう方法と、対象者やその場の状況を観察する方法について、インタビューの場合で説明し、参与観察はこれら２つの方法の比重が逆転したものとして、手短に説明することにします。

インタビューや参与観察の対象者は、質問紙調査の場合と同様に特定地域の住民や特定組織のメンバーです。しかし、インタビューや参与観察は多くの場合、研究者が当該の地域や組織という**現場（フィールド）**に直接入り込んで行います。このため、インタビューや参与観察を用いた研究は、しばしば**「フィールドワーク」**とも呼ばれます。

2　インタビューの種類と特徴

「インタビュー」という言葉は、英語の「interview」を片仮名表記した

ものであり、その日本語訳である「面接」と意味はまったく同じです。このため、質問紙調査における「個別面接法」のように、社会調査の用語として「面接」という言葉が定着している場合があります。しかし、「面接」という言葉は面接試験を連想させるなど堅苦しいイメージがあるので、定着している場合を除いて本書では「インタビュー」のほうを用いることにします。

インタビュー（面接）はたいてい、**「構成（あるいは構造化）面接」**、**「半構成（あるいは半構造化）面接」**、**「自由面接」**の3つに分類されます（この分類では「面接」という言葉が定着しています）。このうち、構成面接は質問紙調査の個別面接法と同じものと考えてよく、**質的データの収集には半構成面接か自由面接が用いられます**。半構成面接と自由面接の違いについては、後述するような**「インタビューガイド」**を使うものを半構成面接、インタビューガイドを使わないか、使ってもメモ程度であるものを自由面接としておきます。

このほか、インタビューは1回あたりの対象者数により、**「個別インタビュー」**と**「グループインタビュー」**に分類されます。

以下では、最も一般的と思われる半構成かつ個別のインタビューを中心に解説していきます。

3　インタビューにおける対象者の選び方

第3講「4　データの収集方法を選択する」の中で、何百人もの対象者に質の高いインタビューを行うのは無理があると述べました。それでは、インタビューでは何人くらいの対象者が適当なのでしょうか。

インタビューにおける対象者数は、対象者へのアクセスの困難さや、逐語録（録音したインタビュー内容を文字化したもの）**の作成とその分析に要する作業量と時間**（それぞれ録音時間の数倍ほど）**も考え合わせながら、決**

定する必要があります。例えば違法薬物の常習者とか引きこもりの当事者のように、アクセスが相当に困難であれば、5人かそれ以下でもその意義があるでしょう。ですが、そういった特別な場合を除けば、10人程度かそれ以上確保することが望ましいと思います。一方、40人を超えるとなると、研究者が1人の場合には時間がかかりすぎるかもしれません。

このような対象者数ですから、たとえランダムサンプリングが可能だとしても、統計的に有意なデータを得るのは難しいでしょう。しかし少なくとも、**研究者が知りたいことを話してくれそうな人を対象者に選ぶ必要がある**のは明らかです。また、後述する「コーディング」と呼ばれる分析方法の場合、対象者ごとに話の内容が大きく異なると分析がやりにくくなります。

このため、特定地域の住民や特定組織のメンバーで、しかも一定の条件を備えた人（例えば子育て中の有職女性とか在宅高齢者の介護者とか）の中から、必要な数の対象者を選ぶということがよく行われます。また、インタビューを終えた対象者に次の対象者を紹介してもらう**「スノーボール・サンプリング」**や、データの分析結果から次の対象者を選択する**「理論的サンプリング」**といった方法もあります。こうしたサンプリングの方法を総称して、ランダムではなく一定の意図のもとに行われるという意味で、**「有意抽出法」**といいます（つまり「意図が有る」という意味の「有意」なので、統計的な「有意」とはまったくの別物です）。

必要な数の対象者を、特定地域の住民や特定組織のメンバーで一定の条件を備えた人の中から選ぶといっても、決して簡単なことではありません。例えば特定の組織でこれを行うときには、かつてその組織のメンバーだった経験がある場合でさえ、まずは知人を通じて十分な数の対象者にアクセスできる見込みがあるかや、実施に適した時期・時間帯・場所などを探ったほうがよいですし、そういう経験がない場合には、許可を得て見学させてもらう中でそれらを探るとともに、関係者と顔見知りになっておくべきです。

そういった情報をある程度収集できたら、その組織でかなりの権限を持ち、かつ話のしやすそうな人にアポイントメントをとり、研究計画について説明して感触を探ります。その際、組織を共同研究機関としたり組織の関係者を共同研究者とする必要性、組織への依頼文書の宛先や内容、承認や内諾を得るべき関係者の範囲、組織内の記録資料の閲覧可能性、組織内でインタビューを行うための部屋の確保などについて、確認しておくとよいでしょう。

研究計画に対する組織側の正式な実施許可が得られたら、必要と思われる関係者の承認や内諾も得たうえで、可能であれば対象者をよく知る関係者と相談しつつ、対象者にいつどのようにアクセスするかを決定します。ここまできてはじめて対象者に直接アクセスし、研究計画の説明や協力依頼を行うことができます（これについては第8講「2　倫理原則と倫理審査」「(3)　説明と同意の原則」もみてください)。

そして、対象者の同意が得られたら、インタビューの日時や場所を相談するわけですが、対象者がすぐその場でのインタビューを希望することもあるので、その準備もしておくとよいでしょう。また、インタビュー当日に緊急の連絡が必要になる事態に備え、お互いの携帯電話の番号などをしつこくならない範囲で確認してみましょう。

同意が得られた対象者にはコード番号を割りふり、すべてのデータはこのコード番号で管理します。コードとしてイニシャルを使用するのは、匿名性を十分に確保できないので不適切です。

近頃、「対象者」に替えて「参加者」という言葉がよく用いられるようになっています。この言葉は「研究者」との対等性を意識したものといえますが、「対象者」という言葉と大差なく使用されているのが実態のように思われます。このため、本書ではとりあえず「対象者」という言葉を使用しています。

4　インタビューガイドの作り方と使い方

インタビューにおけるインタビューガイドは、質問紙調査における質問紙に匹敵するほど重要なものです。このため、質問紙と同様にきちんと時間をかけて慎重に作成する必要があります。また、第4講「7　質問紙の作成で留意すべきこと」「(1)　実物の質問紙を参考にしよう」で述べた、よい質問紙の条件のうち、質問文がわかりやすく、不快感がなく、質問数が多すぎないという点は、よいインタビューガイドの条件でもあります。

インタビューガイドの作成は、研究テーマとの関連で対象者に尋ねたい質問を、思いつく限りすべて書き出していくことから始めます。この段階で質問が何十項目にもなる場合には、研究テーマをさらに絞り込んだほうがよいと思います。

質問が適当な数（例えば10とか20とか）**であれば類似のものをまとめ、それらを網羅するような多少とも漠然とした質問を考えます**。例えば、糖尿病で在宅療養中だが自立的に生活できる男性患者に対する援助について、妻に尋ねる場合を考えてみましょう。

この場合、妻が行うと推測できる援助の内容は、自宅で行う治療や日常生活上の留意事項に関するものとなり、その主要なもの１つ１つについての質問を、まずは書き出すことになるでしょう。そして、それらを網羅するような多少とも漠然とした質問としては、「ご主人が糖尿病であることがわかってから、ふだんの生活でとくにどんなことに気を使うようになりましたか」といったものが考えられます。

数項目のこうした網羅的な質問が、過去から現在というような一定のストーリー展開に沿うように並べられ、それらの質問ごとにすべての質問がツリー状に系列化されている、これがインタビューガイドの基本的イメージです。そして**インタビューでは、まず網羅的な質問から始め、対象者の回答を聞く中でその系列の質問群で回答されたもの・されなかったものを**

確認し、回答されなかったものは改めて補足的に質問することになります。

このインタビューガイドのイメージに沿って、インタビューでは対象者1人につき1セットの調査用紙を用意します。調査用紙は**インタビュー用**A4判1、2枚程度、**フィールドノート**（現場記録）**用**1枚程度で1セットとし、インタビュー用はインタビューガイドの質問を中心に、インタビュー進行上の留意事項（後述しますが、例えば対象者に会ったときや、対象者が沈黙したときにかける言葉など）、コード番号や日付の記入欄などを盛り込みます。また、インタビューガイドは上述のようにどの質問が回答済みで、次に何を質問すべきかを確認するチェックリストでもあるので、インタビュー中に系列の質問群を確認しやすく、しかも多少のメモ書きが可能な余白を設ける必要があります。

5　インタビュー進行上の留意事項

インタビューは上記のようなインタビュー用の調査用紙にしたがって行いますが、インタビュー進行上の留意事項として、例えば次のようなことを記載しておくと便利と思われます。これらはインタビューの進行に慣れてきたら削除してかまいません。

1）　インタビュー開始時

・「先日は調査への協力に同意していただきまして、どうもありがとうございました。」
・「毎日暑いですが、お体の調子はいかがですか。」
・「本日は雨の中、わざわざおいでいただいて申し訳ありません。」
・お茶を差し上げる。
・「貴重な時間ですので、早速お話をうかがいたいと思います。途中でお疲れになったり、ご気分がすぐれないときは休憩にしますので、遠慮なくおっしゃってください。」

・「○○さんのお話をすべてメモするのは難しいので、録音させていただいてよろしいですか。」躊躇されているようなら「録音よりもメモのほうがよろしいですか。」

2) インタビューガイドに沿っての質問時

・インタビューは対象者のお話をうかがうためのもの。対象者の方の疑問に対する回答も含め、調査者の発言はできるだけ手短に。

・対象者がどんどんお話ししてくださる場合は、全体が1時間程度のインタビューであれば、質問開始後20分くらいはインタビューガイドから外れてよい。

・インタビューガイドになくても、質問すべきと思ったことは質問する。その質問はできるだけメモする。

・対象者の話のポイントとなるエピソード、キーワード、人物名はなるべくメモして、可能なら質問にも反映させる。

・質問に対して対象者が答えてくださるまでは焦らず待つ。「ゆっくり考えてお答えいただいてけっこうですよ。」「お答えいただくのが難しいようでしたら、無理をされなくてけっこうですよ。」「次の話に移りましょうか。」

・「メモの内容が気になるようでしたら、ご覧いただいてもかまいませんよ。」

・対象者の方の話に不明な点があれば確認する。ただし問い詰めてはいけない。「先ほど○○についてのお話があったように思いますが、△△は××ということでよろしかったですか。」

3) インタビュー終了予定時間の約10分前

・「そろそろ終了の時間が近づいてしまいましたが、本当に興味深いお話なので、少し時間を延長していただくことはできませんでしょうか。」
・「別の日に30分くらいお時間をいただくことはできませんか。」可能な場合は日時と場所をその場、または電話で相談。不可能な場合は「後日電話でお話をうかがってもよろしいですか。いつ頃がよろしいですか。」
・「本日お話しいただいたことで、つけ足しておきたいようなことはありますか。」
・時間が超過した場合はそのことを詫びてから「本日は貴重なお話を聞かせていただき、ありがとうございました。○○（自分の専門分野など）に関わる者として、本当に多くのことを学ばせていただいたと思います。ありがとうございました。」
・「本日うかがったお話で、後でわからないことが出てきましたら、電話で確認させていただきたいのですが、よろしいですか。」

6　そのほかの準備

インタビューでは通常、対象者の許可を得て録音機器を用います。録音機器は、小型で目立ちにくい、録音時間が長い、パソコンに接続可能といった利点から、**IC レコーダー**がよいと思います。そして、初回のインタビューまでに機器の操作に十分慣れたり、クリアに録音できる仕方を確認しておく一方、インタビューが近づいたらバッテリー不足や機器の不調がないか点検する必要があります。

インタビューを組織内の一室で行う場合は、関係者に用具を借りてお茶などを供することができると、雰囲気を和らげるのに効果的と思います。対象者の自宅で行うのであれば、ちょっとした手土産を持参するほうが社会常識に適うと考えます。また、滅多にないことですが、対象者に危害を加えられるリスクを気にとめておくと、もしものときに多少とも冷静に対応できるでしょう。

インタビューの進め方についての事前学習としては、関連文献を読むのもよいし、友人などを相手に練習したり、それを録音したものを聞いたりするのもよいでしょう。また、対象者に会って言葉をかけるところから、対象者と別れるところまでのインタビューのシナリオを書き、インタビューの経験や知識が豊富な人にチェックしてもらうのも効果的と思います。

インタビューの場に適切な時刻に到着するために、**当日のタイムテーブル**の作成も不可欠です。とくにインタビューを組織内の一室で行う場合は、関係者への挨拶、椅子や机の配置・光の具合・空調などの調節、お茶出しなどの準備をするための時間も考慮に入れる必要があります。

7　インタビュー終了後に行うべきこと

インタビュー終了後１人になったら、可能ならその場や移動時間を利用するなどして**速やかに、フィールドノート用の調査用紙に観察情報や分析的コメントなどを、後の整理のしやすさも意識しながら書き込みます**。さらにインタビューをふり返り、インタビューガイドやインタビュー進行上の留意事項、インタビューでの話し方などについて修正すべき点はないか、また、対象者の選択に理論的サンプリングを用いている場合は、次にどのような人を対象者とするかを検討します。**録音した音声データをメモリーなどを用いてバックアップし、それをコード番号で管理する**ことも不可欠です。

インタビューをふり返ることは後述する分析に着手することでもあり、そのやり方は次回のインタビューまでの時間的余裕に応じて、以下のようなバリエーションがあると考えられます。

①　録音を聞いて気づいたことをメモする。これはインタビュー終了後の移動時間中でも可能かもしれません。

② 録音を聞いて、対象者の語りの順に、それぞれの部分の要約ないし語られた事項を書き出す。

③ 録音を聞いて、対象者の語りの順に、質問に対する回答と思われる部分は語られたとおりに、回答とは思われない部分は要約ないし語られた事項を書き出す。さらに可能な範囲で分析を行う。

④ 録音を聞いて完全な逐語録を作成する。さらに可能な範囲で分析を行う。

また、上記のようなインタビューガイドなどの修正は、何人めのインタビューでも毎回行うわけではなく、3人め程度までというのが現実的でしょう。そして、この3人め程度までのインタビューを「プリテスト」と呼ぶことも可能です。

インタビューガイドの修正には、新たに必要と判断された質問の追加、必要性が感じられなくなった質問の削除、質問のワーディングの修正といったものがあります。このうち、新たに必要と判断された質問の追加については、この質問を行っていない対象者に改めて質問を行うべきか迷うかもしれません。しかし、ほかの対象者からこの質問に関する十分なデータが得られていれば、必ずしもその必要はないと考えます。

一方、必要性が感じられなくなった質問の削除については、上記のツリー状の系列における下位の質問であれば、削除しても上位の質問によってカバーされるので、その後のインタビューで改めて必要と判断される可能性を残すことができます。このことは上位の質問には適用できないわけですが、上位の質問の必要性が感じられなくなることは、まずないといってよいでしょう。

こうしたインタビューガイドの修正はたいてい必要となりますが、調査の中心的用具であるだけに、インタビューの経験や知識が豊富な人に相談するなど慎重に行うべきです。

8　参与観察について

この第６講の冒頭で、対象者やその場の状況も観察するが、中心は対象者の話をうかがうことというのがインタビューであり、その比重が逆転したものが参与観察であると述べました。つまり**参与観察では、観察情報や分析的コメントなどを、後の整理のしやすさも意識しつつひたすら書き留める作業が中心になります**。そして、この書き留める作業のために**観察が中断したり、目の前で進行している状況に参加しにくくならないように、トイレや休憩のときに（あるいはそのふりをして）メモ書きしたり、１日の観察が終了して１人になったときにフィールドノートを作成したりします**。

フィールドノートを作成するときは、思い出せるだけの観察情報（視覚以外の感覚により得られた情報も含みます）をどんどん書き出して時系列に並べ、メモがあればその内容も加え、さらに思い出した観察情報や思いついた分析的コメントなどがあれば書き加えていきます。また、ある程度長期的に行われる参与観察では、特定の出来事や人物などに関するデータが十分な量に達したところでそれを整理・分析し、何に関するデータが不足しており、そのデータを収集するにはどうしたらよいかといった、それ以降のデータ収集の方針を検討することになります。

第６講のまとめ

①　質的データの主要な収集方法には、インタビューと参与観察（参加観察）がある。また、現場に直接入り込んでインタビューや参与観察を行う研究は、フィールドワークとも呼ばれる。

②　インタビューは構成面接、半構成面接、自由面接に分類される。質的データの収集には半構成面接か自由面接が用いられ、半構成面接はインタビューガイドを使って行われる。このほか、個別インタビューとグループ

インタビューという分類もある。

③　インタビューにおける対象者数は、対象者へのアクセスの困難さや、逐語録の作成とその分析に要する作業量と時間も考え合わせながら決定する。対象者には研究者が知りたいことを話してくれそうな人を選ぶ必要がある。このように一定の意図のもとに対象者を選ぶ方法には、スノーボール・サンプリングや理論的サンプリングといったものもあり、これらを総称して有意抽出法という。また、同意が得られた対象者にはコード番号を割りふり、すべてのデータはこのコード番号で管理する。

④　インタビューガイドの作成は、研究テーマとの関連で対象者に尋ねたい質問を、思いつく限りすべて書き出していくことから始める。質問が適当な数であれば類似のものをまとめ、それらを網羅するような多少とも漠然とした質問を考える。そしてインタビューでは、まず網羅的な質問から始め、対象者の回答を聞く中でその系列の質問群で回答されたもの・されなかったものを確認し、回答されなかったものは改めて補足的に質問する。

⑤　調査用紙は、インタビューガイドの質問などから成るインタビュー用と、観察情報などを書き込むフィールドノート用を用意する。また、IC レコーダーを用いた録音の準備や、インタビューの進め方についての事前学習、当日のタイムテーブルの作成も行う。

⑥　インタビュー終了後は速やかに、フィールドノート用の調査用紙に観察情報や分析的コメントなどを、後の整理のしやすさも意識しながら書き込む。録音した音声データはメモリーなどを用いてバックアップし、コード番号で管理する。また、インタビューガイドの修正などについても検討する。

⑦　参与観察では、観察情報や分析的コメントなどをひたすら書き留める作業が中心になる。具体的には、現場ではトイレや休憩のとき、あるいはそのふりをしてメモ書きしたり、1 日の観察が終了して 1 人になったときにフィールドノートを作成する。

第7講

質的データの分析方法

第７講のねらい

質的データの分析方法にはさまざまなものがありますが、以下では、使用例が比較的多いと思われるグラウンデッド・セオリー・アプローチ、エスノグラフィー的方法、心性史的方法、エスノメソドロジーの会話分析の４つを取りあげ、それぞれの研究事例をとおして解説していきます。実際に使用する場合は、研究目的に適した特徴を持つものを選んでください。

1　グラウンデッド・セオリー・アプローチ
―B. グレイザー・A. ストラウス『死のアウェアネス理論と看護』を事例として―

（1）『死のアウェアネス理論と看護』の概要

1）グラウンデッド・セオリー・アプローチとは

「グラウンデッド・セオリー・アプローチ」は、B. グレイザー、A. ストラウスという２人のアメリカの社会学者によって、1960 年代に開発されました。このアプローチの特徴は、上述の**理論的サンプリングによって得られたデータを分析することで、一般性のある概念モデル（理論）の構築をめざす**ところにあります。そして、彼らがこのアプローチにより行った研究の最も代表的な成果が、『死のアウェアネス理論と看護―死の認識と終末期ケア―』（木下康仁訳、医学書院、1988 年）です。

このアプローチには、「グラウンデッド・セオリー」、その日本語訳である「データ対話型理論」、あるいは「グラウンデッド・セオリー法」といった呼称もあります。また、原語の発音に近い「グラウンディド」などと表記される場合もありますが、本書ではとりあえず、「グラウンデッド・セオリー・アプローチ」を用いることにします。

『死のアウェアネス理論と看護』の次の一節は、彼らがどのように理論的サンプリングを行ったかがイメージできるという意味で、興味深いものがあります。

> 私たちの場合、まず未熟児病棟の観察から始めた。この病棟は、患者が自分の運命を知る可能性が最小であり、逆に、患者の死の予期が最大（早産児の死はたいてい予期された死である）となるケースとして、意識的に選定された。次いで、私たちはがん病棟に入った。死んでゆくときの長引く側面、「もうすることがない」段階、それに、終末認識のタイプが最も多様である場としてがん病棟を考えたからであった。（『死のアウェアネス理論と看護』木下訳、p.296）

理論的サンプリングでは、先述のように得られたデータの分析結果にもとづいて次の対象者が選択されます。これはいいかえれば、データの分析結果から仮説を構築し、仮説の根拠となるデータが得られそうな対象者を選ぶということにほかなりません。このようにいうと、都合のよいデータばかりを選んでいるように思われるかもしれませんが、決してそうではなく、データの分析結果の一部でも仮説と矛盾するなら、仮説のほうを修正します。

また、**仮説は当初は思いつき程度のものでよく、データの分析結果にもとづいて徐々に修正されることで、次第に確固たるものになっていきます**。グラウンデッド・セオリー・アプローチの場合は、こうして一般性のある概念モデルの構築をめざしますが、このような**仮説とデータの分析の柔軟な関係性は、ほかの質的データの分析方法でもよくみられる**ものです。

2）『死のアウェアネス理論と看護』のねらい

『死のアウェアネス理論と看護』における中心的仮説は、病院における終末期患者と医療スタッフの相互行為は、数種類のパターンに類型化できるというものでした。そして、理論的サンプリングにより仮説を検証するためのデータを十分に収集できたことで、仮説がこのように固まっていったと思われます。それでは、その患者とスタッフの相互行為のパターンとは、いったいどのようなものだったのでしょうか。

3) 認識文脈

この著作のもともとのタイトルで、訳書のタイトルの一部にもなっている「死のアウェアネス」(終末認識、awareness of dying) とは、患者が終末期にある（間もなく亡くなる）という認識のことであり、そのような認識を誰が持っていて、また誰が持っていると思われているかという状況を、「認識文脈」(awareness context) といいます。この「認識文脈」は次の4つに類型化できます。

1つめは「閉鎖」認識文脈であり、この場合には患者は終末認識を持っていないし、スタッフが持っていることにも気づいていません。一方、スタッフは終末認識を持っていますが、患者が（疑念を含め）持っているとは思っていません。

2つめは「疑念」認識文脈であり、この場合には患者は終末認識に関する疑念を持っていますが、スタッフが持っているか否かは確認できていません。また、スタッフは終末認識を持っており、患者が疑念を持っていることを確認できています。あるいは、スタッフは患者が疑念を持っていることを確認できていないか、患者が疑念を持っているとは思っていなくても、患者は疑念を持っている場合にはこのタイプになります。

3つめは「相互虚偽」認識文脈です。この場合、患者は終末認識を持っており、スタッフが持っていることも確認していますが、どちらも持っていないかのようにふるまいます。一方、スタッフも終末認識を持っており、患者が持っていることも確認していますが、患者と同様にどちらも持っていないかのようにふるまいます。

４つめは「オープン」認識文脈です。この場合、患者は終末認識を持っており、スタッフが持っていることも確認しており、この認識にもとづいてふるまいます。また、スタッフも終末認識を持っており、患者が持っていることも確認しており、患者と同様にこの認識にもとづいてふるまいます。

4)　認識文脈と相互行為

この研究では、相互行為における患者とスタッフのふるまい方（「戦術」ないし「方略」と呼ばれます）が、上記の４つの認識文脈ごとに異なることも明らかとなりました。

「閉鎖」認識文脈では、終末認識を持っているのはスタッフだけなので、患者にはそれを持たせないように、患者の将来の見通しなどについて虚偽の説明をしたり、必要がないのにケアをするふりをしたり、表情・話題・反応などをコントロールしたり、患者との会話をできるだけ避けるために身体的ケアに専念する、あるいは患者との接触時間を短くするといったふるまいがみられました。

「疑念」認識文脈では、患者はスタッフを欺いてでも何とか情報を得ようとするのに対し、スタッフは患者の誘い込みに注意したり、相互行為を断ったりするほか、「閉鎖」認識文脈と同様のふるまいをしていました。

「相互虚偽」認識文脈では、虚偽の世界を維持するために患者はきちんと身づくろいする一方、スタッフは病院の日常業務を予定どおり行ったり、患者・スタッフとも死に関わるような危険な話題を避けて安全な話題だけにしたり、都合の悪いことがあってもそれを無視したりしていました。

「オープン」認識文脈では、患者は「よき」終末期患者としてふるまったり、あるいは入浴・食事・投薬・処置などでさまざまな注文をつける一方、スタッフは「よき」終末期患者としてふるまってもらうため、命令・叱責・諭し・小言・示唆・同意などを行ったり、死を話題にするのが苦手なスタッフを担当から外したりしていました。

以上がこの研究で明らかとなった患者とスタッフの相互行為のパターンですが、こうした知見にはどのような実践的意義があるのでしょうか。

5） 知見の実践的意義

この研究が行われた1960年代には、終末期であることの患者本人への告知は、アメリカでも必ずしも積極的には実施されていませんでした。しかし今日では日本でも、本人への情報開示が当然のようになってきています。にもかかわらず、例えば患者が幼い場合や非常に高齢の場合、一律に告知すべきか否かについて議論があります。

上述の各認識文脈ごとの相互行為でみられたふるまい方は、それぞれの認識文脈の維持に一定の効果があると考えられます。したがって、本人への終末期の告知をすべきでないと判断されたケースでは、「閉鎖」認識文脈や「疑念」認識文脈でみられたふるまいを、告知をすべきと判断されたケースでは、「相互虚偽」認識文脈や「オープン」認識文脈でみられたふるまいを、スタッフが意識的に行うようにすれば、それぞれの認識文脈をある程度維持できる可能性があります。さらに、現在の日本の病院ではスタッフはどんなふうにふるまうのか研究すれば、より実践的に意義のある知見が得られるかもしれません。

(2) コーディングの方法

1） コーディングとは

『死のアウェアネス理論と看護』では、上記のような分析結果は詳細に述べられていますが、どんなデータからどういう分析を経てこうした結果が得られたのかは、残念ながらほとんど述べられていません。

グラウンデッド・セオリー・アプローチでは、データの分析に**「コーディング」**（「コード化」ともいいます）と呼ばれる方法を用います。コーディングの方法にはいくつかのバージョンがありますが、ここでは最も明快と思われるA. ストラウスとJ. コービンのコーディング法（『質的研究の基礎―グラウンデッド・セオリー開発の技法と手順―』第2版、操華子・森岡崇訳、医学書院、2004年）をベースに、必要に応じて個人的解釈を補足して説明します（2012年に操・森岡による同書第3版の日本語訳が医学書院から出ましたが、説明を修正する必要はなさそうです）。

2)　オープンコーディング

ストラウスとコービンのコーディング法では、コーディングを**「オープンコーディング」**、**「軸足コーディング」**、**「選択コーディング」**の3種に分け、このうちのオープンコーディングから分析を始めます。

例えば、本書100～101ページの事例データを含む逐語録があるとします。**逐語録の文章を読み、「この人はここで何を語っているのか」を問い、そこで浮かんだ概念名をとりあえず書いていくのがオープンコーディングです。**概念名は後でよりよいものが浮かんだら修正すればよいので、気軽に書いたり修正したりしてください。1つにまとまらなければ、別の概念名を併記してもかまいません。

このように**オープンコーディングで概念名を検討する際、フィールドノートに記録された関連の観察情報などがあれば、そのデータも的確に反映した概念名となるように検討します。**例えば、逐語録の文章ではそれほどではなくても、口調や表情のデータから、非常に激しいショックととらえたほうがよいということもあるかもしれません。

こうして、事例データの「がんの予感」というところまで、オープンコーディングができたとしましょう（本書p.100参照）。ここまでのオープンコーディングで、「薬剤師」に対応する逐語録の言葉は「仕事柄」なのですが、この対象者の職業が薬剤師であることがわかっているので、その意味を補足して「薬剤師」としています。

事例データ	オープンコーディング	軸足コーディング
がんが見つかったのは、一九八六年、一四年前になりますか。	がん発見	
当時僕は三六歳、子どもは四歳と七歳でした。	自分 36 歳 子供 4 歳と 7 歳	
じつはその二、三年前から便に血が交じるとか、便が細いとか、便秘と下痢を繰り返すとか、そういう症状がありました。仕事柄、いろいろな症状の方の対応をするので、専門書も読んでいたんです。で、自分の症状はどういう病気かと調べた。	自覚症状 薬剤師 専門書で調べる	自覚症状 ↓ 専門書で調べる←職業的背景 ・薬剤師 ↓
直腸がんと直感しました。	がんの予感	がんの予感→貧血の記憶との符合 ↓
「まさか」と疑ったんです。		
子どもも小さかったし、当時はいま以上に「がん＝死」というかね、そんな印象がありましたから。	「がん＝死」という強い印象	←家族的背景 ・自分は 30 代 ・小さな子供 2 人 「がん＝死」という強い印象
それで、なんとかしよう、と自分なりに薬を調合して飲んだりしていたんです。ほとんどがおなかの薬でした。便秘で、おなかが張ってくるので、自分なりに工夫しました。	自己判断による服薬	↓
正直に告白しますと、薬剤師なのに、がんによいとされる漢方薬なんかも飲んでました。		自己判断による服薬
健康診断は勤め先で受けていました。三五歳では一般検診ですが。翌年から成人病検診になります。その一般検診のときに、貧血で引っかかっていたんです。たいしたことないだろう、と言われてましたけれど、今から思いかえすと、かなりひどかった。血色素量が普通一四以上のところ、八か九だったはずです。友	貧血の記憶	カテゴリー：がんの予感と自己対処 （受診回避）

だちとテニスをやっても、五分ぐらいで疲れて動けなくなったり、家族で海に行ったら、掌が真っ白になりました。 　手の甲が日焼けしているのに、やけに掌だけが真っ白に、ね。 　こういうこともずっとあとになって思い出したんですけれどもね。		
テナントの物件も見つかって、いよいよ独立しようと思ったときに、とにかく健康が資本ですから、	薬局開業	薬局開業 ↓
家内から「一回病院に行ってみたら」と勧められたんです。それで、とにかく念願の自分の店の開業の	妻からの受診の勧め	妻からの受診の勧め ↓
前に、夢がかなう前に、と近くの開業医に行ったんですよ。その医者はレントゲンもとらず、触診しかしません。	近所の開業医で受診	近所の開業医で受診 ↓
「すぐに、大きい病院で見てもらいなさい」 　こっちは物件も決めています。 「どうしても一ヵ月延ばしたい」	病院での検査への強い指示	病院での検査への強い指示 ↓
「そんなこと言っとらんですぐに行きなさい」 　驚いて、当時働いていた関連のK病院にかかったんです。		検査即入院 ↓
検査をして、すぐに入院でした。「まさか」という思いと、「来るところまで来たのかな」という思いですね。そんなことを日記につけてたのを覚えています。	検査即入院 がんの確信	がんの確信 カテゴリー：がんの確信
（柳原和子『がん患者学—長期生存をとげた患者に学ぶ—』晶文社、2000年、pp.234–235）	選択コーディング がんへの意識と対処の変化の様相を表現したものが中核カテゴリー名？	

3）軸足コーディング

「薬剤師」と「専門書で調べる」は、それらに対応する事例データの文章から、「薬剤師」という「職業的背景」が、「専門書で調べる」という行動に関連していると読み取れます。このように、**概念間の関連を分析するのが軸足コーディングであり、オープンコーディングの途中でも概念間の関連に気づいたら、その関連を気軽に検討してよい**のです。そして、こうした概念間の関連も概念名と同様に、いつでもよりよいものに修正できます。

この軸足コーディングの観点からみれば、「がんの予感」までの部分で、「自覚症状」があったから「専門書で調べる」という対処を行い、その結果「がんの予感」に至ったという関連があることは、すんなりと読み取れるでしょう。一方、「がん発見」や「自分 36 歳」などは、この段階ではどの概念と関連するか読み取りにくいので、オープンコーディングをさらに先に進めていきます。

こうして「薬局開業」までくると、そこまでの内容とそれ以降の内容が異なっていることに気づくかもしれません。そうしたら、「貧血の記憶」までの部分の軸足コーディングに戻ってもよいわけで、すると「貧血の記憶」というのは、「がんの予感」があってそういえばこういうことがあったという関連だと読み取れますし、「自分 36 歳」は自分は 30 代という若さ（このため概念名を「自分は 30 代」に変更しています）で、小さな子供を 2 人もかかえているのに、イコール死という印象の強いがんが予感される中、受診して真実を知るという決断はできず、とりあえずは「自己判断による服薬」で対処したという関連も読み取れるわけです。

4）特性と次元

「職業的背景」は、「薬剤師」や「会社員」というように、対象者によって違いがあるのが通常です。この「薬剤師」や「会社員」のように、性質の違いを示す表現を**「特性」**といいます。また、「『がん＝死』という強い印象」の「強い」のように、程度の違いを示す表現を**「次元」**といいます。第２講「4　尺度」で解説した用語でいえば、「特性」は名義尺度、「次元」は順序尺度のようなものだと思っていただいてかまいません。

こうした特性や次元が違う対象者では、語りの内容が異なる可能性があります。例えば、対象者が「会社員」であれば、「自覚症状」があっても「専門書で調べる」ことはしないかもしれませんし、「『がん＝死』という印象」が弱い対象者であれば、受診を決断するということも考えられます。このように、特性や次元の違いで語りの内容が異なる可能性を検討することを「理論的比較」といい、理論的サンプリングはこの理論的比較にもとづいて行われます。このため、理論的サンプリングを行わない場合には、特性や次元が見出される概念はそれほど多くはなく、とくに次元が見出される概念は少ないと思います。

5）　カテゴリー、中核カテゴリー、選択コーディング

「自覚症状」から「自己判断による服薬」に至る部分はひとまとまりの語りであり、そのような**語りのまとまり全体に名称をつけたものを「カテゴリー」といいます**。この事例では上記のような内容から、カテゴリー名を「がんの予感と自己対処（受診回避）」としてみました。もちろん、最終的には（　）がつかない名称とする必要がありますが、１人めの逐語録の分析では確定は不可能なので、この程度にして２人め、３人めと分析をどんどん進めるほうがよいと思います。

「カテゴリー」が対象者の語りのまとまり（1人のものでも複数に共通するものでもかまいません）全体につける名称であるのに対し、**すべての対象者の語り全体につける名称を「中核カテゴリー」といいます**。そして、**分析結果からこの中核カテゴリーを検討することを「選択コーディング」といいます。**

１人めの逐語録の分析では、上記のようにカテゴリー名の確定さえ不可

能なのですから、その分析結果から選択コーディングを試みることは通常ありません。しかし、それをあえてやってみるならば、がんへの意識と対処の変化の様相を表現したものが中核カテゴリー名になりそうだ、というくらいのことはいえそうです。

6） 複数の逐語録のコーディング

コーディングは１人のインタビューが終わるごとに行うのが理想ですが、時間的にそうする余裕のないまま、何人かのインタビューを続けて行わざるをえないのが現実でしょう。その場合は、**最も豊かな内容を持つと思われる逐語録か、最も標準的と思われる人の逐語録からコーディングを始める**と、ほかの逐語録の分析でも使える概念をより多く見出すことができると考えられます。また、最初の逐語録のコーディングはその後の分析に影響するので、あまり経験のない方はこのときだけでも経験者にチェックしてもらうべきです。

逐語録のコーディングは、まずはざっと通読したうえで、上述のように語りのまとまりごとに行うか、興味のある発言を含む部分から始めます。そして、**インタビューガイドの質問に対する回答と思われる部分のコーディングと、回答とは思われない部分の要約ないし語られた事項の書き出しが終わったら、次の逐語録のコーディングに移ってよい**と思います。

最初の逐語録から**次の逐語録のコーディングに移ったら、まずは最初の逐語録のコーディングで得られた概念や概念間の関連を使えるか検討しますが、無理にあてはめるのは厳禁です**。多少のズレにとどまる場合は、**ズレをも包摂できる概念名にできないか**、あるいは**特性や次元として位置づけられないか**、それぞれの逐語録の語りに戻って考えてみましょう。もちろん、独自の概念として別の名称をつけたほうがよい場合も少なくないのですが、そういう概念は**バリエーションや別のパターンの構成要素**である可能性もあるので、そのようなことも意識しながら分析します。

それから、それぞれの逐語録のコーディングにあまり確信が持てなくても、ともかく時間をかけすぎないようにして、どんどん進めてください。すべての逐語録のコーディングがとりあえず終わったところで、分析結果を逐語録のデータと照らし合わせながら、そこそこ納得がいくまで見直すというのがよいと思います。

7)　パラダイム

ストラウスとコービンのコーディング法では、軸足コーディングの際に概念間の関連がなかなか見出せない場合の工夫として、「現象」、「条件」、「文脈」、「戦略（方略）」、「帰結」を構成要素とする**「パラダイム」**というものが考案されています。これは、オープンコーディングで見出された各概念が、パラダイムのどの構成要素に該当するかを検討することで、関連を見出しやすくするためのものです。ですから、**関連が見出しやすければ使う必要はありません**。また、「文脈」に該当する概念が見出されないことがあるかもしれませんが、データ中に「文脈」のバリエーションがない（つまり１つの「文脈」しかない）場合にはそれが当然なので、気にする必要はありません。

8)　コーディングの終了

コーディングによって見出されたすべての概念・カテゴリーの関連を文章化したものを、**「ストーリーライン」**といいます。この**ストーリーラインが各逐語録の内容をすべて包摂していることが確認できれば、コーディングは終了**です。

また、理論的サンプリングで得られたデータを分析しても、新たな概念や概念間の関連が見出されなくなることを**「理論的飽和」**といい、これがグラウンデッド・セオリー・アプローチによる研究の最終目標とされます。

しかし、**十分な理論的飽和を単独の研究で達成するのは困難**であり、複数の研究でめざすのが現実的であるように思われます。さらに、同じ条件・文脈下にある同じ現象が2件以上あり、同じ概念ないし概念間の関連がこの現象においてだけ必ず見出されるのであれば、その概念ないし概念間の関連の理論的飽和が確認されたとするのもよいと考えます。

2　エスノグラフィー的方法
—W. ホワイト『ストリート・コーナー・ソサエティ』を事例として—

(1)　エスノグラフィー的方法とは

「エスノグラフィー」の「エスノ（ethno）」は、「民俗」とか「民族」などと訳されますが、つまりは「普通の人々、あるいはその生活」のことです。そして、それを「描写したもの（graphy）」が「エスノグラフィー」であり、「民族誌」という訳語もよく用いられます。「描写」という言葉からも推測されるように、この方法による分析結果は、しばしば一連の主要な**エピソードとそこから導かれる洞察**として提示されるので、科学というよりは文学のようだと批判されることもありました。

エスノグラフィー的方法による研究の先駆けとなったのは、20世紀初頭に太平洋の島々やアフリカなどに出かけていったイギリスの人類学者たちや、対照的にアメリカの大都市で移民の生活などに注目した、「シカゴ学派」と呼ばれる社会学者たちでした。W. ホワイトは実はシカゴ学派の一員ではないのですが、彼の博士論文をもとに書かれた『ストリート・コーナー・ソサエティ』（奥田道大・有里典三訳、有斐閣、2000年）は、シカゴ学派の系譜に属する代表的な研究の1つです。

(2)　『ストリート・コーナー・ソサエティ』のねらい

『ストリート・コーナー・ソサエティ』の中心的仮説は、スラム（とくにそこに住む若者）も一定のかたちで組織化されているというものでした。

これは、この研究が行われた1930年代当時、スラムは貧困と犯罪の温床という通念、あるいはスラムを社会解体の概念でとらえようとする学説への異議申し立てを意味しました。

『ストリート・コーナー・ソサエティ』で「コーナーヴィル」と仮称されたスラムは、ボストンの一地区であることが明らかになっています。そうしたアメリカの大都市のスラムには移民が多く住み、調査対象者の若者たちもイタリアからの移民の二世でした。彼らは英語は話せますが、学歴がないために定職を得るのが困難で、日中から街かど（ストリート・コーナー）でたむろしています。ちなみに、1950～60年代にミュージカルや映画で一世を風靡した「ウェストサイド物語」は、ニューヨークが舞台であり、親世代の出身地も異なりますが、そうした若者たちの生活ぶりが表現されているので一見の価値があります。

ホワイトは「コーナーヴィル」に住む若者たちと行動をともにし、**さまざまなデータを収集・分析する中で、上記の仮説を裏づける多くのエピソードと洞察を得ました**。ここでは紙数の関係で、そういった若者の１人で「ロング・ジョン」と呼ばれる人物に関するエピソードと洞察を、手短に（といってもけっこう長いですが）紹介することにします。

(3)　分析結果―エピソードと洞察―

ロング・ジョンは特異な地位を占めていた。彼は（グループのリーダーである）ドックよりも五歳年下であったが、トップの三人とは友人同士であったために、ノートン団のなかでは高い地位を与えられていた。（中略）それにもかかわらず、ロング・ジョンは子分たちに対してほとんど権威がなかった。この当時、ロング・ジョンは一週間分の稼ぎをたびたびサイコロ賭博ですっていた。これが原因で、彼は子分たちからバカにされていたのだった。（『ストリート・コーナー・ソサエティ』奥田・有里訳、p.20、（　）内は筆者、以下同）

ノートン団
1937年の春と夏

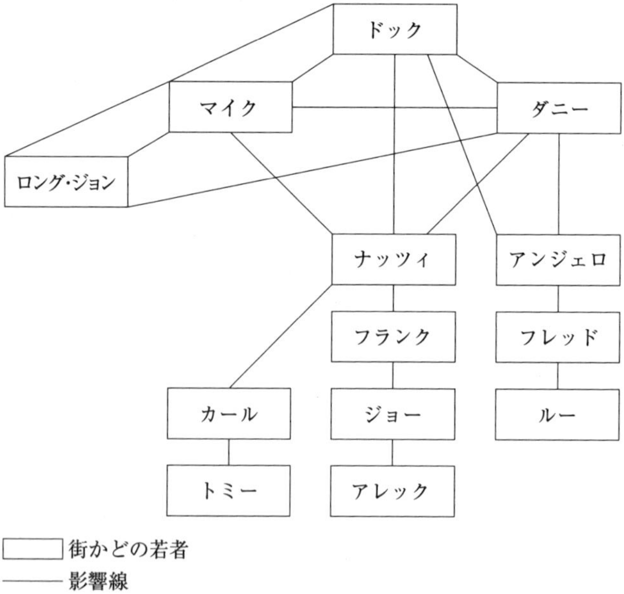

出典：『ストリート・コーナー・ソサエティ』奥田・有里訳、p.21

一九三七年の冬から三八年の春にかけては、ボウリングがノートン団のもっとも重要な社会活動であった。（中略）彼らは絶えず、ある若者の（ボウリングの）成績を評価したり批判したりしていた。その結果、ある若者のボウリングの成績とグループ内における地位とのあいだには、密接な関係が生じたのである。（奥田・有里訳、p.25）

アレックがロング・ジョンに個人戦を挑み打ち負かした。（中略）アレックが対戦相手として、ドック、ダニーあるいはマイクではなくロング・ジョンを選んだことには重要な意味がある。ロング・ジョンのボウリングの腕前が劣っていたからではなかった。事実、ロング・ジョンのアベレージは、ドックやダニーのアベレージとほぼ同レベルであったし、マイクと比べるとずっとよかったのである。要するにロング・ジョンは、トップ集団に属してはいてもリーダーではなかったことから、ノートン団のなかでは攻撃を受けやすい地位にいたのであった（左図参照）。（中略）（アレックに負けてからも）ロング・ジョンは依然として団体戦では頼りがいのある男と考えられていた（中略）。そして、そのことの方が（中略）グループ内のメンバーの地位に関して言えばいっそう重要であった。だが、リーダーたちは（中略）アレックがロング・ジョンに勝つべきではないと思っていたし、事実、ロング・ジョンに勝たせようと配慮していたのである。（中略）次の試合では（中略）ロング・ジョンがアレックを打ち負かした。（奥田・有里訳、pp.30–31）

（ドック、ダニー、マイクがノートン団を離れ、そのうち前二者がスポンギのグループに加わると）ノートン街の街かどには、新しいギャング団が出現した。（中略）ロング・ジョンは、スポンギの所で時間をつぶしたり、ノートン街をうろついたりしていた。（ロング・ジョンはスポンギのグループでは内輪の仲間になれず、ノートン街でもドックらの後押しがないために地位を保てなくなった。）（奥田・有里訳、pp.55–56）

（この結果、ロング・ジョンのボウリングの成績は低迷し、ドックに何週間もよく眠れず悪夢をみると打ち明けるに至った。このことで相談にきたドックに対し、私は次のように提案した。）もしドックが、ロング・ジョンをスポンギの内輪のグループに入れてやれば、そして、ドックとダニーがロング・ジョンがボウリングをする時に守ってやり、相手方から野次られた時には激励するようにすれば、彼の心配事を払拭できるかもしれないと。ドックは半信半疑であったが、何ができるか確かめてみようということになった。まもなくドックは、ロング・ジョンをスポンギの内輪のグループにうまく割り込ませた。（中略）同時に、ドックとダニーは、ボウリング場でもロング・ジョンを激励するようになった。ロング・ジョンのボウリングの成績は良くなっていった。（中略）ロング・ジョンは、自分の悪夢のことで二度とドックに助言を求めることはなかった。（奥田・有里訳、pp.58–60）

こうしたエピソードから、ホワイトは次のような洞察を導いています。

（ギャング団の中でどのような地位・立場にあろうと）長期間にわたる継続的なグループ活動を通して、安定した確固たる相互作用の方法をメンバーそれぞれが身につけるということだ。メンバーの精神的安定は、相互作用における彼なりのやり方の継続を求めている。彼の活動にとっては習慣化されたチャンネルが必要なのだ。そしてそれを欠いたばあいには、心が乱される。（奥田・有里訳、p.272）

さらに次のような洞察は、社会福祉の実践にも活かすことができるといえるでしょう。

コーナーヴィルの人びとは、彼らをとりまく社会へのより多くの参加の機会を得た時、より良く適応するようになるだろう。（中略）一例をあげると、コーナーヴィル・ハウス（社会福祉施設）のレクリエーション・センターのプロジェクトは、地元の責任を強める可能性を示唆するものであろう。（中略）プロジェクトから得られた教訓は、彼らのリーダーたちを認め、彼らに行為の責任を持たせることで、街かどのギャング団と交渉することが可能だというものだった。（奥田・有里訳、p.282）

３　心性史的方法
—P. アリエス『〈子供〉の誕生』を事例として—

(1)　心性史的方法とは

「心性」は、心性史的方法発祥の地の言語であるフランス語では「mentalité」、英語では「mentality」といい、**ものの見方・感じ方**といったことを意味します。「心性」の研究は歴史学の分野で発展し、「心性史」と呼ばれるようになりますが、その際に用いられた独特のデータ分析の方法が**心性史的方法**であり、『〈子供〉の誕生—アンシァン・レジーム期の子供と家族生活—』（杉山光信・杉山恵美子訳、みすず書房、1980 年）はこの方法による初期の代表的著作です。今日では心性史とその関連分野を「歴史社会学」と総称することもあるので、「歴史社会学的方法」と呼んだほうがよいのかもしれませんが、漠然としすぎる感もあるので、とりあえず「心性史的方法」と呼んでおくことにします。

(2)　『〈子供〉の誕生』のねらい

『〈子供〉の誕生』のもともとのタイトルは、日本語版のサブタイトルである「アンシァン・レジーム期の子供と家族生活」でした。「アンシァン・レジーム」は直訳すれば「旧体制」となりますが、世界史の教科書に出てくるようなフランス革命前の絶対王政といった狭い意味ではなく、「近代」より前で「古代」よりも後、いわゆる「中世」という広い意味で用いられています。

『〈子供〉の誕生』といっても、もちろん単純に子供が生まれたという話ではありません。この著作の中心的な仮説は、現代に生きる私たちにとっては当たり前の「子供」、あるいは「子供期」という観念は中世にはなく、中世末になってようやく現れたというものなのです。これは、今日のような親子関係の観念、さらにはそれを軸とした現在の家族の観念も、近代より前には存在しないということですから、現在の家族の観念だけにもとづいて家族を論じてきた各方面に、大きな衝撃を与えました。そしてこれ以降、現在の家族の観念にもとづく家族は「近代家族」と呼ばれるようになります。

(3)　データと分析結果

『〈子供〉の誕生』の多くの部分は、11 ～ 16、17 世紀の**絵画・日誌・書簡などの分析**にあてられています。例えば、11 世紀のある細密画では、子供は背丈の低さにおいて大人と区別されているにすぎず、12 世紀ないし 13 世紀初頭のものとされるある書物では、生まれたばかりの子供が成人の腹筋と胸筋を備えた姿で描かれていました。

しかし 13 世紀頃から、現実の子供ではありませんが、天使、幼いイエス、人間のかたちをした霊魂において子供らしさの表現が現れ、幼いイエスのそのような表現に並行して、聖母マリアは今日的な意味で母親らしく表現されるようになります。

さらに 14 世紀になると、聖母子の表現に関連してマリアや諸聖人の子供期が描かれるようになり、15、16 世紀には、民衆の風俗を描いた絵画の中に、子供らしく表現された現実の子供が登場しました。そして 16 世紀、死んだ子供までをも描いた家族の肖像画が現れ、やがて死んだ子供たちは単独で描かれました。

図 3 の絵画は、1526 年に画家ホルバインが描いた「マイヤー市長とその家族」の肖像画です。中央にはキリスト教に対する敬虔な信仰の証のように、幼子のキリストを抱く聖母マリアが大きく描かれています。そして、左の大人の男性が市長、右の頭巾をかぶった 2 人は大人の女性で、このうち手前は現在の妻、奥はこの時点では亡くなっている前の妻であり、左に描かれている服を着た男児は 10 歳のとき、裸の男児はもっと幼いときにすでに亡くなっていたことが、別の資料からわかっています。

図３　マイヤー市長とその家族

17世紀になると、子供単独の肖像画がありふれたものとなる一方、家族の肖像画の構図が子供を中心としたものに変化する傾向が現れました。また、17世紀以降の文学作品を含むさまざまな文書には、犬を指す「わんわん」のような子供の片言がよくみられるようになります。

さらに17世紀初頭の多くの絵画をみると、上流階級の子供たちにおいて子供期に特有の服装が現れたのがわかります。その服装であるローブは、12、13世紀の大人の服装であり、その後大人は着用しなくなりますが、子供特有の服装として保存されたのです。とくに男児の服装については、17世紀に幼少時の服装の女性化、18世紀にズボンの着用という特異な傾向が生じました。また、16世紀末から17世紀初頭には男児の学校への通学が目立つようになり、これによって子供期が延長されることになります。

中世から18世紀にかけての絵画には、しばしば遊びの場面が登場しますが、これらの絵画によって、3、4歳すぎの子供たちが彼らだけで、あるいは大人も一緒に、賭け事のような大人と同じ遊びをしていたことがわかります。また、かつての祝祭は今日では想像できないほど大きな意義を持っており、そのため絵画にも描かれましたが、そこには子供も大人と対等の資格で参加し、重要な役割を演じていました。さらに16、17世紀の文献には、小さな子供たちを前にして、あるいは彼らを交えて、性的な話題や仕草が平然と行われていたことが記録されています。これらは、子供は大人と区別すべき無垢な存在という観念がなかった証と考えることができます。

以上のようなデータとその分析結果から、アリエスは現在のような意味での「子供」や「子供期」の観念は中世には存在せず、16、17世紀頃になってようやく広まっていったと結論づけたのです。

４　エスノメソドロジーの会話分析
—秋葉昌樹「保健室のエスノメソドロジー」を事例として—

(1)　エスノメソドロジーの会話分析とは

「エスノメソドロジー」の「エスノ（ethno)」は、「エスノグラフィー」の場合と同じく「普通の人々、あるいはその生活」、「メソドロジー(methodology)」は「方法論」なので、「普通の人々が生活を遂行するために用いる方法論（の研究)」という意味になります。そうした方法論の中でも、**人々が会話という相互行為を遂行するために用いる方法論**に着目するのが、**「会話分析」**です。

(2)　「保健室のエスノメソドロジー」のねらい

日本では 1990 年代になって、生徒が教師に悩みごとを打ち明ける希有な場所として、学校の保健室に注目が集まりました。それがなぜなのかを探るべく、保健室での養護教諭と生徒の会話に注目し、そのやりとりの仕方の中に生徒の悩みごとが打ち明けられる仕組みがあることを、この会話分析を用いて明らかにしようとしたのが、秋葉昌樹の論文「保健室のエスノメソドロジー」です。

(3)　データと分析結果

以下は「保健室のエスノメソドロジー」の中心的データです（好井裕明ほか編『会話分析への招待』世界思想社、1999 年、p.179、p.184)。N は養護教諭、K は生徒、《　》内は研究者による注記、(　) は発言が聞き取り不可能または特定不可能な部分、[　] は同時の発言を意味します。また、一部の記号を省略しています。

1K :《ドアを開け来室》 失礼します

2N：あーら、どしたー（ん）あー《執務机で仕事をしながら一瞬入り口の方を見たのと同時に》

3K：んとね、あれ

4N：んー《執務机で仕事をしながら》

5K：なんかー頭いたい（　　）

6N：なーんか、今日最悪の顔してらっしゃいますねぇー

7K：さえない（　　）

8N：はい？

9K：頭が痛いー

10N：頭が痛いー何か今日はそういうタイプの人が多いですねー三年生どうしちゃったんだー
(いまひとり寝てるけどー)。そこ座って。んー、朝からなのー？

11K：んー最近（ずっと）だるかったのーちょっと忙しくなってーあんま寝なく（　　）なってー

12N：忙しくなったっていうのは？

《3 秒沈黙》

13N：水泳じゃなくて？

14K：んープールの方は別に平気なんだけどー、塾とかあったりしてー

15N：あー

16K：休んだりしてんだけどテスト前んなっちゃったりしたから（　　）

17N：
　　んだけどー
　　ふ　ー　ん
ふーんあっそーふーん（　　）でー、最近ちょっと睡眠不足ー？　あんま寝てない？　《机から立ち K の方へ歩き出す》
なんかーまたーなんかーだるいみたいだよー以前にもちょっとあったけどー

18K：んでねー

19N：《K の目の前に到着》ふん、どした？

20K：アメリカに行くのがねー、決まってー《中略》でーそれがうれしいか

ら練習がんばってー

21N：だいじょぶかっ《Kの膝を軽くたたく》前にも、ちょいとスランプだったよなっ

5K～13Nまでは、生徒Kの身体的トラブルをめぐるKと養護教諭Nのやりとりです。12Nもあくまでも身体的トラブルの背景を探る質問であり、13NはKの沈黙から、Kがするはずの回答の中に回答しにくい要素があることをNが察し、Kが水泳部の選手であるという知識を用いて、12Nをより回答しやすいように変形したものと考えられます。これを受けて語られた14Kや16Kの中で、Kは悩みごとを語っています。これに対し、Nは17Nや21Nで語られているようなKについて蓄積された知識を用いて、Kの悩みごとを輪郭づけようとしています。

このようなデータの分析結果から、保健室での養護教諭と生徒のやりとりについて、秋葉は次のようなまとめと、それをふまえた実践的な提言を行っています。

保健室で行われている養護教諭と生徒のやりとりは、基本的に生徒の身体的トラブルに志向するようにして構成されていた。〔中略〕そして問診の過程で養護教諭が、日頃のやりとりで蓄えたさまざまな知識を誘い水に生徒の経験（それは身体的トラブルに関係した経験なのだが）を聞き出すことが、いわば意図せざる結果として、悩みごとを引き出すことにもつながっていく。〔中略〕保健室を従来どおり、生徒の身体症状に対処する場所として確保し、養護教諭もまた生徒の身体症状に対処するよう生徒と係わっていくことが、結果的に悩める生徒にとっての数少ないオアシスを確保することになる（好井ほか編『会話分析への招待』pp.190–191、（　）内は秋葉、〔　〕内は筆者）

第７講のまとめ

① グラウンデッド・セオリー・アプローチでは、理論的サンプリングによって得られたデータを分析することで、一般性のある概念モデル（理論）の構築をめざす。データ分析の当初は思いつき程度だった仮説が、分析結果にもとづいて徐々に修正され、次第に確固たるものになっていく。このような仮説とデータの分析の柔軟な関係性は、ほかの質的データの分析方法でもよくみられる。

② グラウンデッド・セオリー・アプローチのコーディングには、オープンコーディング、軸足コーディング、選択コーディングがある。このうちのオープンコーディングでは、逐語録の文章を読み、「この人はここで何を語っているのか」を問い、そこで浮かんだ概念名をとりあえず書いていく。また、オープンコーディングで概念名を検討する際、フィールドノートに記録された関連の観察情報などがあれば、そのデータも的確に反映した概念名となるように検討する。

③ 軸足コーディングは概念間の関連を分析することであり、オープンコーディングの途中でも概念間の関連に気づいたら行ってよい。また、概念間の関連が見出しやすければパラダイムを使う必要はない。

④ 語りのまとまり全体に名称をつけたものをカテゴリー、すべての対象者の語り全体につける名称を中核カテゴリー、分析結果から中核カテゴリーを検討することを選択コーディングという。

⑤ 複数の逐語録のコーディングを行う場合は、最も豊かな内容を持つと思われる逐語録か、最も標準的と思われる人の逐語録からコーディングを始める。そして、インタビューガイドの質問に対する回答と思われる部分のコーディングと、回答とは思われない部分の要約ないし語られた事項の書き出しが終わったら、次の逐語録のコーディングに移る。

⑥ 次の逐語録のコーディングに移ったら、まずは最初の逐語録のコーディングで得られた概念や概念間の関連を使えるか検討するが、無理にあてはめるのは厳禁である。ズレが小さければ、ズレをも包摂できる概念名にできないか、あるいは特性や次元として位置づけられないか考える。ズ

レが大きければ独自の概念として別の名称をつけるが、そういう概念はバリエーションや別のパターンの構成要素である可能性もあり、このことを意識しながら分析する。

⑦　ストーリーラインが各逐語録の内容をすべて包摂していることが確認できれば、コーディングを終了する。理論的飽和という最終目標の達成は、単独の研究では難しい。

⑧　エスノグラフィー的方法では、仮説を裏づけるエピソードや洞察を得るために、データを収集・分析する。

⑨　心性史的方法では、ものの見方・感じ方をとらえるために、絵画・日誌・書簡といったデータを分析する。

⑩　エスノメソドロジーの会話分析では、人々が会話という相互行為を遂行するために用いる方法論を明らかにしようとする。

第8講

社会調査の倫理

第8講のねらい

近年、社会調査とその関連分野でも、倫理の問題がよく取りあげられるようになってきています。そこで以下では、社会調査分野や生命科学・医療分野での倫理の制度化、それをふまえて整理した倫理原則、各原則にもとづく倫理審査の考え方や留意点について、具体的に解説します。とくに「2　倫理原則と倫理審査」は、これから倫理審査を受けようという方は必読です。

1　社会調査と倫理の制度化

(1)　社会と社会調査の複雑な関係から倫理へ

第1講「5　パラダイム論以降の科学観」で、「科学知識の社会学」について説明する中で、19世紀の自然発生説論争の背景には、カトリック勢力が政治的に優勢だったとか、論争の一方の当事者が敬虔なキリスト教徒だったというような、社会的な要因が作用していたとする研究例を紹介しました。このあたりを読んだときに、「宗教的な価値観が影響しているようなものは、そもそも『科学』とはいえないのでは」と思われた読者もいるでしょう。

確かに、かつては「科学」の特徴を表現するのに、「没価値」とか「価値自由」という言葉がよく使われていたので、そのような違和感があったとしても不思議はありません。しかし、第1講でも論じたように、「科学」は社会ないし人間関係にも影響されつつ行われるという見方が広まってきています。

社会調査も「科学」の一翼を担う以上、社会（人間関係）に影響されつつ行われると考えられます。このように**背景要因である社会が、同時に社会調査という科学的活動の対象でもある**ということが、社会と社会調査の関係を複雑なものにしています。

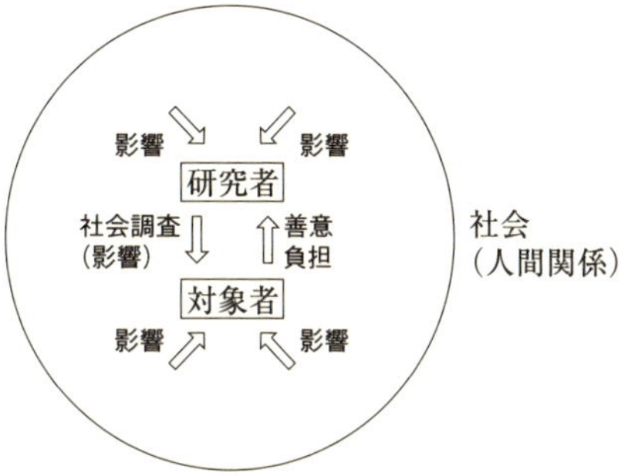

図４　社会と社会調査の複雑な関係

図４は、そうした複雑な関係を図示してみたものです。この図では、研究者も対象者も社会（人間関係）にさまざまに影響されながら生活していること、そうした中で研究者は自分の生活の一部として社会調査を行うこと、対象者にとっては社会調査もまた社会からの影響の１つだが、負担になるのは確実なのに直接の利益はほとんどないこと、それでも対象者が協力してくれるとしたら善意以外の何ものでもないことが表現されています。

こういった関係は、社会調査だけでなく人間を対象とした科学的活動全般でみられるものですが、**このようなことが認識されたことで調査・研究における倫理というものが課題となり、制度化されるまでになった**と思われます。

(2)　倫理の制度化の動き

上記の複雑な関係が社会調査の分野で認識されるようになった１つのきっかけは、それまで主流であった質問紙調査に替わって、フィールドワークに注目が集まったことであると思います。研究者が対象者に直接会うことの少ない質問紙調査とは異なり、フィールドワークでは研究者が現場に出かけていって直接対象者と会うだけでなく、かなりの密度の人間関係を築くことになります。そうした中で、対象者と研究者という関係にとどまって、対象者からデータを収集するだけでよいのかという反省が生じても不思議はないでしょう。

これに加え、研究目的の社会調査の王道とされてきた個別面接法による質問紙調査の関連で、先述のように回収率の低下が目立ってきたことや、個人情報保護法が制定・施行され、その影響で選挙人名簿や住民基本台帳の閲覧が制限されるようになったことも、きっかけとして作用したと考えられます。そしてその結果、社会調査の質を保証するために、社会調査士という資格、資格者育成の標準カリキュラム、資格認定を行う組織である社会調査士資格認定機構（2008年に「社会調査協会」に改組）が創設され、さらにこの組織により**社会調査倫理綱領**が制定されるに至っています（現在は「社会調査協会倫理規程」、詳しくは社会調査協会のホームページをみてください）。

一方、社会調査におけるこうした動きとは別に、生命科学や医療の分野では行政が主導して、**人間を対象とする研究（したがって医療関係の社会調査も含まれます）に関する倫理指針**が制定・施行されてきています。指針では、倫理審査委員会による審査をはじめ、遵守されるべき倫理的手続きがかなり細かく解説されています（詳しくは厚生労働省のホームページをみてください）。それだけでなく、倫理審査を受けてパスしないと、研究助成金の受給や学術誌への論文掲載も難しくなりつつあります。このような動きが、いずれはすべての社会調査に広がるかもしれません。

2　倫理原則と倫理審査

(1)　5つの原則

以上のような動きをふまえつつ、研究目的の社会調査に関する倫理原則を整理するならば、次の5つとするのが適切ではないかと筆者は考えています。

① 教育的、学術的あるいは社会的意義が見込めない調査は実施しない
② 対象者の不利益を最小限にするとともに、そのための適切な予防措置を講じる
③ 対象者に研究目的や調査方法などをあらかじめ明確に説明して同意を得る
④ 対象者の拒否権を保証する
⑤ 対象者のプライバシーを保護する

以下では、①を**「有意義さの原則」**、②を**「不利益最小化の原則」**、③を**「説明と同意の原則」**、④を**「拒否権保証の原則」**、⑤を**「プライバシー保護の原則」**と呼ぶことにします。

倫理審査で問われるのは、この5原則を実現するために何を行うかであるといってよいと思います。ですから、**個々の倫理審査委員会における所定の書式や手続きにしたがう中で、5原則実現のために何を行うかをわかりやすく記述することがとくに重要**となります。

(2)　有意義さの原則と不利益最小化の原則

有意義さの原則は不利益最小化の原則と連動しており、許容される不利益の程度や不利益を被る対象者の数は、研究結果に期待される意義の大きさとのバランスにおいて判断されます。例えば、第3講「5　知りたいこと（テーマ）をはっきりさせる」であげた、配偶者を亡くした直後の人にその心情を尋ねるという例では、対象者の不利益が非常に大きいと考えられるので、よほどの意義がなければ実施は難しいでしょう。また、第3講「1　社会調査が必要か確認する」で指摘したように、社会調査を行わなくても自分の知りたいことを知ることができるのなら、対象者の不利益がごくわずかだとしても調査を実施するべきではないでしょう。だからこそ、研究結果にどのような意義を期待できるのかや、先行研究ではそうした結果は得られていないことを明示する必要があるわけです。

不利益最小化の原則には、第4講「7　質問紙の作成で留意すべきこと」「(1)　実物の質問紙を参考にしよう」で解説した、よい質問紙の条件のようなことも関連しています。質問紙調査で対象者が被ると予測される主な不利益は、質問紙に回答することの負担ですが、よい質問紙はその負担を最小限にするための予防措置なのです。ですから、倫理審査の書式に**質問紙を添付**するとともに、例えば「回答に約30分を要するが、対象者が健康な成人なので負担は小さいと考えられる」といったことを記述します。

インタビューの場合には、質問の内容によっては対象者の心理的負担となることや、長時間のインタビューは高齢者や病人には負担が大きいことも予測されます。そこで、**インタビューガイドを添付**したり、次のようなことを記述します。「約1時間インタビューを行うことで、対象者が疲労を感じる可能性がある。また、これまでの辛い体験について話していただくことによる心理的負担も考えられる。このため、インタビュー中に適宜休憩を設けたり、質問や話題を変えるなどの対応をする。」

(3)　説明と同意の原則

説明と同意は**「インフォームドコンセント」**とも呼ばれ、この手続きをどのように行うかを記述する必要があります。対象者への説明は文書を用いて行い、同意はインタビューや参与観察では口頭でよりも書面で得るのが望ましく、質問紙調査では個別面接法なら質問への回答、留置法や集合調査法なら質問紙の提出、郵送法なら質問紙の返送により同意が得られたものとする旨を説明文書に明記します。

しかしながら、第6講「3　インタビューにおける対象者の選び方」で述べたように、調査の説明を行う必要のある相手は対象者だけとは限りません。組織内の対象者にアクセスするには、たいていの組織では権限を持つ関係者に文書を用いて説明し、書面による承認を得る必要があります。

こうしたことから、対象者には説明文書を用いて研究者が説明し、書面による同意を得るとか、組織の長には依頼文書を用いて研究者が説明し、書面による承認を得るといったことを記述するとともに、**説明文書や依頼文書、同意書や承諾書の書式を添付**します。

(4)　説明文書と同意書

対象者への説明文書はだいたい次のような構成となります。挨拶、研究の目的と意義、企業や企業系財団などから資金を得て行う研究の場合はその旨と企業・財団名、研究の方法と対象者の協力内容、プライバシーの保護とその方法、協力の拒否・取りやめは自由でその不利益もないこと、協力による利益と不利益、研究結果の公表の仕方、書面による同意の仕方、研究に関する問い合わせ、説明文書と同意書をしばらく保管することの依頼。

このうち挨拶は、時候の挨拶やねぎらいの言葉などから始めてもいいですし、それを省くなら、氏名や研究を行ううえでの身分（例えば○○大学△△学部4年生）のような研究者の自己紹介から始めます。また、説明文書の最後に研究に関する問い合わせ先をわかりやすく表示します。なお、本書付録2の説明文書の見本も参考にしてください。

説明文書の用語は、例えば「質問紙」よりも「アンケート」、「研究への参加」よりも「研究への協力」というように、対象者にわかりやすいものにします。あるいは、例えば「認知症（いわゆる痴呆）」のように、わかりやすい用語を（　）でつけ足すというやり方もあります。また、文字数を最小限にしたり、高齢の対象者なら文字を大きめにするのは当然ですし、レイアウト、イラスト、用紙の色などで親しみやすさを演出するのもよいと思います。

同意書は宛先を研究者として、最後に対象者と研究者の署名欄を設けた用紙を2通（1通は対象者用、1通は研究者用）用意します。また、上述の説明文書の構成に対応するかたちで、研究の目的と意義、研究の方法と対象者の協力内容、プライバシーの保護とその方法、協力の拒否・取りやめは自由でその不利益もないこと、協力による利益と不利益、研究結果の公表の仕方、書面による同意の仕方という項目と、その項目の内容について研究者から説明を受けて理解できたことを示すために、項目ごとに「□」のようなチェック欄を設け、対象者に「✓」などの印をつけてもらいます。なお、対象者の協力内容が複数の場合は、例えば「インタビューを約1時間行います」、「インタビューの内容は録音します」というように、協力内容ごとに項目を設けたほうがよいと思います。

(5) 依頼文書と承諾書

フィールドとなる組織への依頼文書はだいたい次のような構成となります。挨拶、研究テーマ、研究目的、企業や企業系財団などから資金を得て行う研究の場合はその旨と企業・財団名、研究の方法と組織への依頼内容、対象者のプライバシーの保護とその方法、研究結果の公表の仕方、研究者連絡先。

このうち挨拶は、時候の挨拶、研究者の氏名、研究を行ううえでの身分から始め、最後のほうで、倫理審査委員会の承認を得ていることや、研究で得られた個人情報は提供できないことを述べます。また、依頼文書の宛先は通常は組織の長ですが、対象者が地域住民の場合は自治体の首長などを宛先とすることもあります。

承諾書は宛先を研究者として、研究テーマと「当組織内での研究の実施を承認します」といった一文を記載するとともに、組織の長などの署名・押印欄を設けます。

(6) 拒否権保証の原則

拒否権保証の原則は、インフォームドコンセントの際に対象者に十分説明すべき事項であるとともに、**調査への協力に強制力が働く可能性がある**

ときに、それをいかに除去ないし緩和するかということにも関わっています。例えば職場の上司が部下を対象者としてインタビューを行うとか、教師が学生を対象者として質問紙調査を行うという状況では、強制力が働く可能性が大いにあるといえるでしょう。そのような状況で、対象者の拒否権はどうすれば保証できるのでしょうか。

職場の上司と部下という例で考えると、その部下と同様の立場にある別の職場の人を対象者とすれば、強制力はかなり緩和されるかもしれません。こうした工夫で強制力を緩和できないのであれば、倫理的にはそのような調査は断念すべきと思われます。

教師と学生の例については、説明を授業時間内に行うと強制的に聞かせることになりますし、教師のいる教室内などで質問紙を回収すると強制力が働いてしまうので、そうした点への配慮と工夫が必要です。また、学生の氏名が記された提出物を研究のデータとして使いたい場合は、書面による同意を関連科目の成績評価終了後に得るようにしたり、授業に関する匿名の感想のようなものであれば、あらかじめ用紙に研究目的の使用に同意する・しないを回答する欄を設け、説明文書は別紙で配布するといった工夫が考えられます。

このように、調査への協力に強制力が働く可能性がある場合には、それを除去ないし緩和するための工夫を具体的に記述する必要があります。

(7)　プライバシー保護の原則

プライバシー保護の原則については、まずデータを収集するときに配慮すべきことがあります。例えば、インタビューなら第三者に内容を聞かれる可能性が低い場所で行う必要がありますし、病院のカルテのような記録資料なら必要最小限の部分のみデータとするべきです。このため、**インタビューをどういう場所で行うのかや、記録資料のどの部分をデータとするのか**を具体的に記述するようにします。

また、記述する必要はありませんが、心得ておいたほうがよいことがあります。それは、データ収集時に対象者の見過ごせない違法行為に気づいたら、プライバシー保護の原則に反してでも告発すべきかどうかが問題となるということです。とくに、人命に関わる虐待のようなケースであれば、問題はより重大です。こうした問題に対する模範回答があるとは思えませんが、次の２つのことくらいは指摘できそうです。

１つは、例えば違法薬物の常習者を対象者とする調査のように、対象者の違法行為が調査の前提となっていて、しかも調査の意義が明白である場合には、プライバシー保護の原則を遵守すべきだろうということです。そしてもう１つは、倫理的感覚に優れ、安心して相談できる人がいれば、プライバシー保護の原則に反してでもその人に相談してよいだろうということです。上記のような問題に直面すると、たいていの人は気分が抑うつ的になって研究を続けるのが困難になります。他者に相談することは、気分を和らげる効果があると考えられますし、問題を見直したり打開策を見出すのにも役立つかもしれません。

次に、プライバシー保護の原則について、データを収集した後に配慮すべきこととして、**データをどのように管理するか**ということがあります。これについては次のようなことを記述する必要があります。「回収した質問紙、音声を入力したICレコーダー、映像を入力したカメラ、逐語録、フィールドノート、メモ、対象者のコード番号表、同意書、データを入力したメモリーは、研究者の研究室内に設置された鍵のかかる戸棚に保管する。」「データはすべてコード番号で管理する。」「データの入力や分析は研究者の研究室内のネットに接続していないパソコンで行う。」「質問紙、逐語録、フィールドノート、メモ、対象者のコード番号表、同意書は、研究の終了時にシュレッダーを用いて廃棄する。」「ICレコーダーに入力した音声、カメラに入力した画像、メモリーに入力したデータは、研究の終了時に消去する。」「得られたデータは研究目的以外に使用することはない。」

さらに、プライバシー保護の原則について、結果を公表するときに配慮すべきこととして、**個人を特定できる情報をどう扱うか**ということがあります。社会調査の結果は、その意義が最大になるように、また同様の不必要な調査が行われないように、公表することが大原則です。しかし、対象者の属性に関する詳細なデータとか、インタビューで語られた固有名詞や具体的内容などをそのまま公表すると、個人を特定できる情報となる可能性があります。そこで、「研究成果は公表するが個人を特定できる情報は公開しない」といった方針や、固有名詞をイニシャルではないアルファベットで表記するなどの具体的な工夫を記述します。

(8)　著作権

以上、研究目的の社会調査に関する倫理原則について解説しましたが、このほかにも研究に関する倫理に関連して、**知的財産保護**の観点から**著作権**が改めてクローズアップされています。例えば既存の尺度を使う場合、尺度を開発した研究者に書面で許可してもらうのが原則であることは、すでに述べたとおりです。また、調査結果を論文や報告にまとめるときに、先行研究から文章を引用などする場合には、出所を明示することはもちろん、原文に忠実である必要があります。著作権の詳細については、著作権情報センターのホームページなどをみてください。

第８講のまとめ

①　社会調査という科学的活動の背景要因である社会が、同時にその対象でもあるという複雑な関係が認識されたことで、調査・研究における倫理が課題となり、倫理綱領や倫理指針の制定というかたちで制度化されるようになった。

②　倫理審査で問われるのは、「有意義さの原則」、「不利益最小化の原則」、

「説明と同意の原則」、「拒否権保証の原則」、「プライバシー保護の原則」という５原則を実現するために何を行うかであり、個々の倫理審査委員会における所定の書式や手続きにしたがう中で、それをわかりやすく記述することが重要である。

③ 「有意義さの原則」は「不利益最小化の原則」と連動しており、許容される不利益の程度や不利益を被る対象者の数は、研究結果に期待される意義の大きさとのバランスにおいて判断される。

④ 質問紙やインタビューガイドは「不利益最小化の原則」、説明文書や依頼文書、同意書や承諾書の書式は「説明と同意の原則」の判断材料となる。

⑤ 「拒否権保証の原則」は、調査への協力に強制力が働く可能性があるときに、それをいかに除去ないし緩和するかに関わっている。

⑥ 「プライバシー保護の原則」については、データを収集する場所や収集するデータの範囲、データの管理や個人を特定できる情報の扱いに配慮すべきである。

⑦ ５原則以外にも、知的財産保護の観点から著作権に留意する必要がある。

補　講

量的データや質的データを分析して何がわかるのか
―「対話的構築主義」の観点から―

1　はじめに

本書では、量的データの分析方法としての統計解析、質的データの分析方法としてのコーディングなどについて解説してきました。これまで解説したことでいえば、統計解析では変数間の関連があるかないかや、その強さなどがわかりますし、コーディングでは概念やその関連がわかります。しかし、この補講ではさらに掘りさげて、データを分析してわかる変数間の関連や概念といったものはそもそも何なのかについて、「対話的構築主義」という観点から考えてみたいと思います。

「対話的構築主義」とは、永らくインタビュー調査に携わってきた桜井厚が、インタビューにおける対象者の語りについて、自身の立場を従来の立場と区別するために考え出した造語です。この観点からみると、インタビューにおける対象者の語りは、その人の体験そのものというよりも、調査者や世間といった聴衆を意識し、自身の体験についての語り方のモデルとなるストーリーを参照しつつ語ったもの、と考えることができます。また、桜井はそうした語り方のモデルとなるストーリーのうち、集団ないしコミュニティレベルで流通するものを「モデル・ストーリー（以下、「MS」と略記）」、全体社会の支配的文化において語られるものを「マスター・ナラティヴ（以下、「MN」と略記）」と名づけました（桜井厚・小林多寿子編著『ライフストーリー・インタビュー―質的研究入門―』せりか書房、2005年、pp.38–45、pp.174–175、pp.177–183参照）。

このアイデアのポイントは、人は他者に語りかけるときには、語ろうとするテーマに関連したMSないしMNをモデルとしているということです。そしてこのことは、インタビューにおける対象者にとどまらず調査者にも、さらには他者に向けられたコミュニケーションすべてにあてはまるように思われます。

こうした観点からみたとき、データを分析してわかる変数間の関連や概念、そして分析されるデータは、どのようなものといえるのでしょうか。

2　質的データとは何であり、それを分析して何がわかるのか

まずは質的データの分析のほうから始めましょう。質的データにはインタビューデータと観察データがありますが、とりあえずインタビューデータに絞り、インタビューという場で対象者と調査者に何が起こっているか、素朴に考えてみます。

先述のように、インタビューでは調査者がインタビューガイドやメモに沿って、自分の知りたいことを対象者に尋ねていきます。その際、調査者がインタビューガイドやメモ、そして対象者の語りの内容に関連したMSないしMNをモデルとしていることは、明らかであるように思われます。さらに、調査の計画段階における対象者の想定や、インタビューガイドないしメモの作成にも、調査者がもともと知りたかったことはもちろん、検討した文献や周囲の人からの助言などに関連したMSないしMNが、すでに反映されているはずです。

例えば、インタビューガイドの網羅的な質問の例としてあげた、「糖尿病の夫を援助する妻」という対象者を想定する際には、診断後の期間が短い人は援助に不慣れなので避けるべきという教員の指導や、援助に慣れるのに半年ほどかかるという文献上の知見（架空の話です）にもとづいて、対象者を診断後半年以上の患者の妻に限定することになるかもしれません。

対象者のほうでも、調査者に尋ねられたことを誤解したり、語っている途中にいろいろな思いが生じて脱線することもあるかもしれませんが、ともかく同様に、尋ねられたことに関連するMSないしMNをモデルとして語っていると考えられます。そして、そうした対象者の語りを文字化したものがインタビューデータにほかなりません。では、それを分析することでいったい何がわかったといえるのでしょうか。

グラウンデッド・セオリー・アプローチのコーディングが最も典型的ですが、エスノグラフィーでも会話分析でも、同じような語りが対象者の多く、あるいは特定の状況で多くみられることがわかれば、それは注目すべき知見として扱われることになります。また、「語り」を「表現」に広げれば、このことは心性史的方法にもあてはまります。そして、そういうことが起こるのは、対象者たちが同様のMSないしMNをモデルとして語っていた（表現していた）からだと思われます。

一方、分析者が分析を行う場合も、自身が最もフィットすると考えるMSないしMNをモデルとしているはずです。また、分析方法によって抽象度の差はあっても、同じような語りは統合・抽象化されて概念ないし理論となります。

ということは、インタビューデータを分析してわかるのは、同様のMSないしMNをモデルとして対象者たちが語ったストーリーを、分析者が最もフィットすると考えるMSないしMNをモデルとして抽象化した概念ないし理論、ということになります。そして、「対象者たちが語ったストーリー」を「対象者たちが行った行動」に置き換えれば、観察データについても同じことがいえるでしょう。

ここで再び「糖尿病の夫を援助する妻」の例で考えてみることにしましょう。そのような対象者が、「ご主人が糖尿病であることがわかってから、ふだんの生活でとくにどんなことに気を使うようになりましたか」と質問されたら、まずは医療者から聞かされた食事制限や運動の必要性などに関するストーリーを、主なモデルとして語ることになると思われます。さらに、常に食事制限に配慮しながら調理するとか、毎日一緒に運動するといった努力やその大変さが語られたり、努力しているのに夫が間食をしてしまうといった不満が語られることもあるでしょう。あるいは、努力や不満ばかりではなく、夫と同じ食事で健康的にダイエットできるといったことも語られるかもしれません。そして、健康関連雑誌の特集記事や当事者の体験談などが、そのような語りのモデルとなっている可能性もあります。

分析者は、こうした対象者たちの語りのモデルとなりそうなMSないしMNの中で、最もフィットすると考えるものをモデルとして、対象者たちの語りを概念や理論として抽象化していると考えられます。ただし、分析者が分析の際にモデルとしたMSないしMNが、対象者がインタビューで語る際にモデルとしたMSないしMNと同じかどうかは、対象者に尋ねるだけでは確認できそうにありません。そしてこのことが、いわゆるメンバーチェッキングの根本的な問題点であるように思われます。

また、対話的構築主義の観点からみると、例えば糖尿病に関する食事とか運動のことに限定した質問だと、対象者の語りが質問に直接関連するMSないしMN、つまり医療者の語りをモデルとしたものにとどまりやすいのに対し、網羅的な質問を用いると、より広がりのある語りを期待できるのではないでしょうか。

3　量的データとは何であり、それを分析して何がわかるのか

次に量的データの分析についてですが、質的データの分析の場合と同様に、調査では調査者が自分の知りたいことを対象者に尋ねていること、調査者がもともと知りたかったことや検討した文献、周囲の人からの助言などに関連したMSないしMNが、調査の計画段階における対象者の想定などに反映されていることは明らかでしょう。

一方、調査では質問文と選択肢から成る質問紙を用いるため、自記式の質問紙であれば対象者は質問文を読み、選択肢を選ぶというかたちで応答することになります。他記式の場合はインタビューの要素が若干加わりますが、対象者の応答内容に関連したMSないしMNが調査に反映されない点は、インタビューと大きく異なります。また、質問文や選択肢の内容

を誤解して応答する可能性もありますが、それも含めてともかく選ばれた選択肢のコード番号（数値の年齢などはそのままですが）がデータとなります。

そこで、質問文を読んで選択肢を選ぶということについて、本書の第2講「5　加算尺度」に出てきた6項目の性役割意識尺度の1項目め、「結婚している女性が仕事を持つ場合は、常勤よりパートが望ましい」に対し、「1. まったくそうは思わない」など5つの選択肢から1つを選ぶ場合を例として、考えてみることにします。

通常、質問紙にこのような尺度を組み込む際には、「男女の役割に関する以下のような考え方について、あなたはどう思いますか。選択肢の中から最もよくあてはまるものを1つ選んで、その番号に○をつけてください。」といった質問文を使います。対象者はこの質問文を読み、男女の役割に関するMSやMNの中から適切と思うものをモデルとして、選択肢を選ぶことになるはずです。

現在の日本では、少なくとも建前としては「平等」というMNが健在といえるでしょう。しかし、異性間での平等に対抗するMSが根強いことも否定できません。そして、主にどちらをモデルとするかによって、選ばれる選択肢が違ってくると考えられます。

また、質問紙調査で調査者が知りたいと思っているのは変数間の関連です。このため、それぞれの変数に対応する複数の質問文とその選択肢が、質問紙に盛り込まれることになります。例えば、「高学歴の人は性役割意識が平等主義的である」という性役割意識に関する理論がありますが、調査されていない対象者にもこの理論があてはまるか知りたいのであれば、質問紙には性役割意識だけでなく、学歴に関する質問文とその選択肢も盛り込む必要があります。

では、高学歴の人はなぜ性役割意識が平等主義的なのでしょうか。対話的構築主義の観点から考えると、高学歴の人は日常的に見聞きする新聞、雑誌、テレビ番組などのマスメディアや、周囲の人々との会話などの影響で、「平等」というMNをモデルとする機会が多いため、平等主義的な選択肢を選ぶ人も多くなると説明することができそうです。さらにいえば、質問紙を構成する性別、年齢、職業、居住地域といった変数とほかの変数との関連は、選択肢を選ぶ際にモデルとするMSないしMNが、対象者によって異なることで産み出されているように思われます。

また、性役割意識のような変数だけでなく、性別、年齢、職業などの変数についての質問文に対象者が応答する場合も、関連するMSないしMNをモデルとしていると考えられます。例えば性別を尋ねられたら、男性の多くは関連するMNだけをモデルとして、ほとんど反射的に男性という選択肢を選ぶでしょうが、性同一性障害の男性であれば関連するMNを意識しつつも、これに対抗するMSをモデルとして女性という選択肢を選ぶかもしれません。このように、モデルとされるMNが強力であればあるほど（カルト集団などではMSでも強力でしょうが）、それをモデルとしていることを意識しにくいのだと思います。

一方、分析者は変数間のあらゆる関連を分析するわけではなく、自身が最もフィットすると考えるMSないしMNをモデルとして、どの関連を分析するかやどの分析結果を知見とするかを絞り込んでいると考えられます。先ほどの例でいえば、性役割意識と学歴など理論的に関連が見込まれる変数のデータだけを分析したり、その中で有意な関連だけを知見とするというようなことです。量的データを分析してわかるのは、このようにして絞り込まれた変数間の関連ということになります。

4　まとめ

以上、質的データや量的データとは何なのか、それを分析して何がわかるかについて、対話的構築主義の観点から考えてきました。そのポイントは、以下のようにまとめることができると思います。

① インタビューでは、調査者がインタビューガイドやメモ、そして対象者の語りの内容に関連したMSないしMNをモデルとしていること。調査の計画段階における対象者の想定やインタビューガイドないしメモの作成にも、調査者がもともと知りたかったことや検討した文献、周囲の人からの助言などに関連したMSないしMNが反映されていること。

② インタビューデータは、調査者の質問に関連するMSないしMNをモデルとした対象者の語りであること。インタビューデータを分析してわかるのは、同様のMSないしMNをモデルとして対象者たちが語ったストーリーを、分析者が最もフィットすると考えるMSないしMNをモデルとして抽象化した概念ないし理論であること。「対象者たちが語ったストーリー」を「対象者たちが行った行動」に置き換えれば、観察データについても同じことがいえること。

③ 分析者がインタビューデータを分析する際にモデルとしたMSないしMNが、対象者がインタビューで語る際にモデルとしたMSないしMNと同じかどうかは、対象者に尋ねるだけでは確認できないということが、メンバーチェッキングの根本的な問題点であること。また、インタビューにおける対象者の語りは、限定的な質問では、それに直接関連するMSないしMNをモデルとしたものにとどまりやすいのに対し、網羅的な質問では、より広がりのある語りを期待できること。

④ 質問紙調査でも、調査者がもともと知りたかったことや検討した文献、周囲の人からの助言などに関連したMSないしMNが、調査の計画段階における対象者の想定などに反映されていること。また、他記式質問紙調査の場合はインタビューの要素が若干加わるが、対象者の応答内容に関連したMSないしMNが調査に反映されない点は、インタビューと大きく異なること。

⑤ 量的データは、質問文に関連するMSやMNをモデルとして対象者が選んだ選択肢のコード番号であること。モデルとされるMNが強力

であればあるほど、それをモデルとしていることを意識しにくいこと。また、量的データを分析してわかるのは、対象者が選択肢を選ぶ際にモデルとするMSないしMNの違いで産み出された変数間の関連のうち、分析者が最もフィットすると考えるMSないしMNをモデルとして絞り込まれたものであること。

この中ですぐに役立ちそうなのは、メンバーチェッキングの問題点と網羅的な質問の長所くらいですが、質的データだけでなく量的データの分析においても、対象者と分析者がそれぞれ何らかのMSやMNをモデルとしているということは、それらが同じものと確認できなくても、同じものに近づけることの重要性を示唆しているのではないでしょうか。

同じものと確認できないのに、同じものに近づけることなどできるのかと思われたかもしれません。しかし、本書でも解説したインタビューデータの分析における観察データの利用、尺度化による信頼性の確認、先行研究の参照による広い意味での構成概念妥当性の確認などは、そのための工夫であるように思われてならないのです。

付録1　よく使われる言葉の意味のリスト（第2講での説明順）

理　論	複数の概念が意味する現象間の関連を表現したもので、それぞれの概念が意味するあらゆる現象群の間にその関連がみられることや、そうした現象群の間に何らかの因果関係があることを想定したもの
指標化	定義を工夫して概念の内容を区分や数値で表現できるようにすること
変　数	さまざまな数値やいくつかの区分を取る概念（例えば年齢や性別）
量的変数	さまざまな数値を取る変数
カテゴリー変数	いくつかの区分（カテゴリー）を取る変数
独立変数（説明変数）	原因とされる変数
従属変数（目的変数）	結果とされる変数
尺　度	ものさし
名義尺度	純然たる区分（例えば性別、平均値は無意味）を示すものさし
順序尺度	順序性のある区分（例えば学歴、平均値は無意味）を示すものさし
間隔尺度	等間隔の数値（例えば気温、平均値の大小に意味あり）を示すものさし
比率尺度	純然たる数値（例えば年齢、平均値の大小および比率に意味あり）を示すものさし
加算尺度	複数の質問項目の得点を足し合わせて尺度全体の得点とする尺度
信頼性	くり返し測定しても測定結果が安定していること
妥当性	測定しようとするものを測定できていること
基準関連妥当性	同様のものを測定する既存の尺度を併用し、同じような測定結果が得られることで確認される妥当性
構成概念妥当性	尺度とほかの変数との理論的に予測される関連が、実際の測定結果でも十分にみられることにより確認される妥当性
因子妥当性	理論的に予測された因子分析の結果と、実際の分析結果がほぼ一致することにより確認される妥当性

付録２　質問紙と対象者への説明文書の見本（両方とも架空のものです）

病院看護職のワーク・ライフバランス（仕事と生活のバランス）に関する調査

この調査用紙は全部で８ページです。ご回答いただくのに20分ほどかかります。
ご回答・ご記入にあたっては、黒など濃い色の筆記用具をお使いください。
また、質問文をよくお読みいただいたうえで、ご回答・ご記入ください。

まず、あなたご自身について、おたずねします。

問１　あなたの性別について、あてはまるほうの番号に○をつけてください。

1 男性　2 女性

問２　あなたの年代について、あてはまるものを１つ選んで、その番号に○をつけてください。

1 20歳未満　2 20代前半　3 20代後半　4 30代前半　5 30代後半
6 40代前半　7 40代後半　8 50代前半　9 50代後半　10 60歳以上

問３　次の看護系の資格のうち、現時点であなたが取得済みのすべての資格の番号に○をつけてください。その他の看護系の資格を取得済みの場合は、８にも○をつけてください。

1 准看護師　2 看護師　3 保健師　4 助産師　5 認定看護師
6 専門看護師　7 認定看護管理者　8 その他

問４　次の学位のうち、現時点であなたが取得済みのすべての学位の番号に○をつけてください。「看護系」とは、看護・保健・助産に関する教育課程とお考えください。「9　その他」の場合は、（　）内に具体的にお書きください。あてはまるものがない場合は、10に○をつけてください。

1 看護系の準学士・短期大学士　2 看護系以外の準学士・短期大学士
3 看護系の学士　4 看護系以外の学士　5 看護系の修士
6 看護系以外の修士　7 看護系の博士　8 看護系以外の博士
9 その他（　　　　　　　　　　）　10 該当なし

問５　現在の病院には、通算でどのくらいの期間、お勤めですか（非常勤を含む）。あてはまるものを１つ選んで、その番号に○をつけてください。

1 1年未満　2 1～2年　3 3～5年　4 6～10年　5 11～15年
6 16～20年　7 21～25年　8 26～30年　9 31～35年　10 36年以上

問６　あなたは看護職として、通算でどのくらいの期間、働いていますか（非常勤を含む）。あてはまるものを１つ選んで、その番号に○をつけてください。

1 1年未満　2 1～2年　3 3～5年　4 6～10年　5 11～15年
6 16～20年　7 21～25年　8 26～30年　9 31～35年　10 36年以上

あなたのご家族について、おたずねします。

問７　あなたは現在、結婚されていますか。

1　結婚している　　**2**　死別した　　**3**　離婚した　　**4**　結婚したことはない

問８　お子さんは、何人いらっしゃいますか。下の（　）内に人数をお書きください。いらっしゃらない場合は０としてください。

（　　　　）人

あなたの１週間の生活について、おたずねします。

問９　１週間の平均的な労働時間は、どのくらいですか。下の（　）内に、おおよその時間数をお書きください。残業の時間や、昼休みなど職場での休憩時間も、労働時間に含めてください。

約（　　　　）時間

（問 10 〜問 26 は略）

あなたの生活全体について、おたずねします。

問 27　ご自身のこの１年間の健康状態について、どのように思いますか。最もよくあてはまるものを１つ選んで、その番号に○をつけてください。

1　とても良い　　**2**　まあ良い　　**3**　やや悪い　　**4**　とても悪い

問 28　現在の家計の状態について、どう感じていますか。最もよくあてはまるものを１つ選んで、その番号に○をつけてください。

1　かなり余裕がある　　**2**　やや余裕がある　　**3**　やや苦しい　　**4**　かなり苦しい

問 29　現在の生活について、全体的にどのくらい満足、あるいは不満ですか。最もよくあてはまるものを１つ選んで、その番号に○をつけてください。

1　とても満足　　**2**　まあ満足　　**3**　やや不満　　**4**　とても不満

問 30　現在のご自分の仕事と生活のバランスについて、どのように思いますか。最もよくあてはまるものを１つ選んで、その番号に○をつけてください。

1　とても良い　　**2**　まあ良い　　**3**　やや悪い　　**4**　とても悪い

質問はここまでです。お忙しいところ、どうもありがとうございました。

同封の返信用封筒（切手不要）にて、　月　日（　）までにご投函いただきたく、
よろしくお願い申し上げます。

（病院名）にお勤めの看護職の皆様

研究へのご協力のお願い

謹啓

時下、益々ご清勝のことと存じます。私は、丸々大学大学院社会学研究科博士前期課程２年の三角太郎（みすみ　たろう）と申します。

近年、「ワーク・ライフバランス（仕事と生活のバランス）」という言葉がよく使われています。これは、人生が生きがいや喜びのあるものになるように、仕事ばかりでなく家庭・地域・個人の生活も充実させようというものです。

このワーク・ライフバランスの実現のため、政府や企業などでさまざまな取り組みが行われていますが、残念ながら十分な成果は得られていません。一方、看護職は専門的な仕事でやりがいがあるのに加え、家事・育児などにも熱心に取り組まれ、ワーク・ライフバランスを実現されている方が多数いらっしゃると推察いたします。

そこで、修士論文のテーマを病院看護職のワーク・ライフバランスとし、丸々大学倫理審査委員会の承認を得て、下記のような研究を行うことにいたしました。本研究へのご理解とご協力のほど、どうぞよろしくお願い申し上げます。

敬具

記

1. 研究目的

病院看護職のワーク・ライフバランスの実態や影響要因について調査し、その結果にもとづいてワーク・ライフバランスの実現に有効な方策を検討します。

2. 研究方法

1）この研究の対象者は、中部地方の病床数100床以上の病院（精神専門病院を除く）からランダムに選ばれた40病院のうち、看護部門長の方の承諾が得られた病院に勤務されている看護職の方全員です。

2）研究にご協力いただける方は調査用紙にご回答のうえ、　月　日（　）までに同封の返信用封筒（切手不要）に入れて投函してください。回答に要する時間は20分程度です。

3. 研究へのご協力

調査用紙をご返送いただくことで、研究へのご協力についてのご同意とさせていただきます。研究にご協力いただけなくても、そのことによる不利益は一切ありません。

4. プライバシーの保護

この研究で得られたデータは研究目的以外には一切使用しません。調査用紙は無記名であり、データは統計的に処理しますので、個人が特定されることはありません。また、研究の終了後直ちに、調査用紙はシュレッダー処理により廃棄し、電子データは消去します。

5. 研究成果の公表

研究成果は学会や学術誌で公表する予定です。

6. ご質問など

この研究に関するご質問などございましたら、下記のメールアドレスまたは電話番号までお願いいたします。

〒123-3456　四角市二重丸町1―1―1　丸々大学大学院社会学研究科
博士前期課程２年　三角太郎
メールアドレス　misumi@gssoc.marumaru.ac.jp
電話番号　012-345-6789（代表）　内線1234（社会学研究科院生研究室）
指導教員　丸々大学社会学部　菱形花子教授　内線5678

付録３　量的データを分析するための SPSS の操作手順

量的データの分析方法についてはすでに第５講で解説しましたが、この付録３では、統計解析ソフト SPSS を使って実際に量的データを分析しようとしている方を対象に、その操作の手順を解説します。解説されているのは SPSS バージョン 20 の場合の手順ですが、それ以外のバージョンでは手順が多少異なることがあります。

1）　共通事項

① SPSS で入力した後、sav 形式のファイルで保存されているデータをダブルクリックすると、SPSS が立ちあがり、データが読み込まれる

② 出力ビューアの内容を保存するか尋ねられた場合は、とくにその必要がなければ「いいえ」をクリック

③ 表示された結果を印刷する場合は、その画面で「ファイル」「印刷」「OK」の順にクリック

2）　X^2 検定、クラマーの関連係数の算出を行う

① 「分析」「記述統計」「クロス集計表」の順にクリック

② 「行」にするカテゴリー変数をクリックして指定

③ 移動ボタンをクリックして「行」に移動

④ 「列」にするカテゴリー変数をクリックして指定

⑤ 移動ボタンをクリックして「列」に移動

⑥ 「統計量」をクリック

⑦ 「カイ２乗」と「名義データ」の「Phi および Cramer V」のチェック欄をチェック

⑧ 「続行」をクリック

⑨ 「OK」をクリック

⑩ 表示された結果のうち、「カイ２乗検定」の表中の「Pearson のカイ２乗」の「値」の数値が X^2 値、「漸斤有意確率」の数値が p 値、「対称性による類似度」の表中の「Cramer の V」の「値」の数値がクラマーの関連係数値、「近似有意確率」の数値が p 値

3)　t 検定を行う

①「分析」「平均の比較」「独立したサンプルの t 検定」の順にクリック

②　使用するカテゴリー変数をクリック

③　移動ボタンをクリックして「グループ化変数」に移動

④「グループの定義」をクリック

⑤「グループ 1」と「グループ 2」に、データを入力した際の各群の数字を入力（例えば言葉の発達遅滞ありは 1、なしは 0 を入力してある場合は、グループ 1 には 0、グループ 2 には 1 を入力）し、「続行」をクリック

⑥　使用する量的変数をクリック

⑦　移動ボタンをクリックして「検定変数」に移動

⑧「OK」をクリック

⑨　表示された結果のうち、「独立サンプルの検定」の表中の「等分散性のための Levene の検定」の「有意確率」が有意の場合は、「2 つの母平均の差の検定」の「等分散を仮定しない」ほうの「有意確率」、有意でない場合は、「等分散を仮定する」ほうの「有意確率」の数値が最終的な p 値

4)　一元配置分散分析と、テューキー法による多重比較を行う

①「分析」「平均の比較」「一元配置分散分析」の順にクリック

②　使用するカテゴリー変数をクリック

③　移動ボタンをクリックして「因子」に移動

④　使用する量的変数をクリック

⑤　移動ボタンをクリックして「従属変数リスト」に移動

⑥「その後の検定」をクリック

⑦「Tukey」（「Tukey の b」と間違えないように注意）のチェック欄をチェックし、「続行」をクリック

⑧「OK」をクリック

⑨　表示された結果のうち、「単因子変異数分析」の表中の「有意確率」、「多重比較」の表中の「有意確率」（「多重比較」の表ではすべてのカテゴリーの組み合わせについて表示される）の数値により、有意かどうかを判断する

5)　相関係数の値の算出と検定を行う

①「分析」「相関」「2 変量」の順にクリック

②　使用する量的変数をクリック

③　移動ボタンをクリックしてすべて「変数」に移動

④　「OK」をクリック

⑤　表示された表中の「Pearson の相関係数」の数値が相関係数値、「有意確率」の数値が p 値

6）　ロジスティック回帰分析を行う

①　「分析」「回帰」「二項ロジスティック」の順にクリック

②　従属変数として使用するカテゴリー変数をクリック

③　移動ボタンをクリックして「従属変数」に移動

④　独立変数として使用する変数をクリック

⑤　移動ボタンをクリックしてすべての独立変数を「共変量」に移動

⑥　「カテゴリ」をクリック

⑦　「共変量」に表示された独立変数のうちカテゴリー変数をクリック、さらに移動ボタンをクリックして「カテゴリ共変量」に移動

⑧　「カテゴリ共変量」に移動したカテゴリー変数の数字入力されているカテゴリーのうち、数字が大きいもの（例えば 1 日のテレビ視聴時間が 3 時間未満が 1、3 時間以上が 2 と入力されている場合の 2）を参照カテゴリーに指定する場合は、「参照カテゴリ」のチェック欄を「最後」のままとし、逆に小さいものを参照カテゴリーに指定する場合は、「最初」をチェックしたうえで「変更」をクリック

⑨　「続行」をクリック、さらに「OK」をクリック

⑩　表示された結果のうち、2 つ表示される「方程式中の変数」の 2 つめの表中の「Exp(B)」の数値がオッズ比、その左隣の「有意確率」の数値が p 値

7）　重回帰分析を行う

①　「分析」「回帰」「線形」の順にクリック

②　従属変数として使用する量的変数をクリック

③　移動ボタンをクリックして「従属変数」に移動

④　独立変数として使用する量的変数をクリック

⑤　移動ボタンをクリックしてすべての独立変数を「独立変数」に移動

⑥　「統計量」をクリック、さらに「共線性の診断」のチェック欄をチェック

⑦　「続行」をクリック、さらに「OK」をクリック

⑧　表示された結果のうち、「モデル要約」の表中の「調整済み R2 乗」の数値が調整済み R^2 値、「係数」の表中の「ベータ」の数値が β 値、「有意確率」の数値が p 値、「VIF」の数値が VIF 値

8）　多元配置分散分析、共分散分析を行う

①　「分析」「一般線型モデル」「一変量」の順にクリック
②　従属変数として使用する量的変数をクリック
③　移動ボタンをクリックして「従属変数」に移動
④　独立変数として使用するカテゴリー変数をクリック
⑤　移動ボタンをクリックして独立変数として使用するすべてのカテゴリー変数を「固定因子」に移動
⑥　独立変数として使用する量的変数をクリック（多元配置分散分析ではこの操作はなし）
⑦　移動ボタンをクリックして独立変数として使用するすべての量的変数を「共変量」に移動（多元配置分散分析ではこの操作はなし）
⑧　「モデル」をクリック（この段階で分析したい主効果や交互作用を指定することもできますがここでは省略）し、そのまま「続行」をクリック、さらに「OK」をクリック
⑨　表示された結果のうち、「被験者間効果の検定」の表中の「有意確率」の数値により、有意かどうかを判断する

9）　探索的因子分析を行う

①　「分析」「次元分解」「因子分析」の順にクリック
②　使用する変数をクリック
③　移動ボタンをクリックしてすべての変数を「変数」に移動
④　「因子抽出」をクリック、さらに「方法」から「最尤法」を選択してクリック
⑤　「スクリープロット」のチェック欄をチェックし、「続行」をクリック
⑥　「回転」をクリック、さらに「プロマックス」のチェック欄をチェック
⑦　「続行」をクリック、さらに「OK」をクリック
⑧　表示された結果のうち、「因子のスクリープロット」のグラフにより因子数の見当をつける
⑨　結果の表示画面を閉じ、「分析」「次元分解」「因子分析」の順にクリック→「因子

抽出」をクリック→「抽出の基準」の「因子の固定数」のチェック欄をチェック→因子数を入力→「続行」をクリック→「OK」をクリック

⑩　表示された結果のうち、「説明された分散の合計」の表中の「抽出後の負荷量平方和」の「合計」の数値が各因子の因子寄与の値、「分散の%」の数値が各因子の寄与率、「累積%」の最後の数値が各因子の寄与率の合計、別表の「パターン行列」の各数値が因子負荷量

⑪　クロンバックのα係数値を算出する手順は、「分析」「尺度」「信頼性分析」の順にクリック→尺度を構成するすべての変数をクリック→移動ボタンをクリックしてすべての変数を「項目」に移動→「OK」をクリック→表示された結果のうち、「信頼性統計量」の表中の「Cronbach のアルファ」の数値がクロンバックのα係数値

付録４　論文や報告の構成について

論文や報告の構成は、研究分野ごとにかなりの違いもみられますが、「序論」「研究方法」「結果」「考察」「結論」の５つが基本的な構成要素であることは、だいたい共通していると思います。また、このうちの「序論」と「研究方法」は、ほとんど同内容である研究計画書を利用すると楽に書くことができます。すでに述べたように、先例の形式をまねるのが重要であることに変わりはありませんが、参考として以下に要素ごとの記述すべき内容を示しておきます。

まず「序論」では、問題の重大さや個人的経験にもとづく関心など、研究テーマに着目する理由から始めて、先行研究の検討結果の概要を述べ、これをふまえて研究目的を定めて明示します。

「研究方法」では、対象者の選定方法、データの収集方法と時期、データの分析方法と信頼性・妥当性の確認方法、倫理的配慮といったことを述べます。倫理的配慮については、上述の倫理原則を実現するために行ったことを手短に述べたうえで、どの組織の倫理審査委員会から承認を得たのかを明記します。また、データの収集方法や分析方法の選択に関する考え方（これを「研究デザイン」といいます）を述べたり、用語の定義を行うこともあります。

「結果」では、データの分析結果はもちろん、対象者の概要や信頼性・妥当性の確認結果なども述べます。

「考察」では、研究で得られた知見を先行研究の知見と比較・検討し、研究の意義を確定して明示します。先行研究にみられない知見が新たな知見であることはいうまでもありませんが、先行研究の知見との一致も研究の妥当性の裏づけとなるので、両方に言及します。また、信頼性・妥当性の確認結果に対する評価なども述べます。

「結論」では、「研究方法」「結果」「考察」の内容を簡潔に要約します。

付録５　文献案内

各講義の中で提示した文献のほかに、量的データの分析と質的データの収集・分析について詳しく知りたいときに役立ちそうな文献で、日本語で読めるものをあげておきます。文献の配列は、分冊の『質的研究ハンドブック』以外は刊行順です。

量的データの分析

- G. W. ボーンシュテット・D. ノーキ『社会統計学―社会調査のためのデータ分析入門―』海野道郎・中村隆監訳、ハーベスト社、1990 年
- 小野寺孝義・山本嘉一郎編著『SPSS 事典―BASE 編―』ナカニシヤ出版、2004 年
- 岩井紀子・保田時男『調査データ分析の基礎―JGSS データとオンライン集計の活用―』有斐閣、2007 年

質的データの収集・分析

- 安梅勅江『ヒューマン・サービスにおけるグループインタビュー法―科学的根拠に基づく質的研究法の展開―』医歯薬出版、2001 年
- 松田素二・川田牧人編著『エスノグラフィー・ガイドブック―現代世界を複眼でみる―』嵯峨野書院、2002 年
- N. K. デンジン・Y. S. リンカン編『質的研究ハンドブック 1 巻―質的研究のパラダイムと眺望―』平山満義監訳、北大路書房、2006 年
- N. K. デンジン・Y. S. リンカン編『質的研究ハンドブック 2 巻―質的研究の設計と戦略―』平山満義監訳、北大路書房、2006 年
- N. K. デンジン・Y. S. リンカン編『質的研究ハンドブック 3 巻―質的研究資料の収集と解釈―』平山満義監訳、北大路書房、2006 年
- 戈木クレイグヒル滋子『グラウンデッド・セオリー・アプローチ―理論を生みだすまで―』新曜社、2006 年
- 佐藤郁哉『定性データ分析入門―QDA ソフトウェア・マニュアル―』新曜社、2006 年
- J. P. スプラッドリー『参加観察法入門』田中美恵子・麻原きよみ監訳、医学書院、2010 年
- U. フリック『新版 質的研究入門―〈人間の科学〉のための方法論―』小田博志監訳、春秋社、2011 年

索　引

【ア行】

RDD　35, 47
一元配置分散分析　55, 61, 62, 70, 76, 148
依頼文書　83, 127, 128, 132
因果関係　10, 12, 16, 143
因果の方向性　64, 66, 76
因子　72-75, 77, 148, 150, 151
因子数　73-75, 77, 150, 151
因子妥当性　16, 17, 143
因子の回転方法　73, 74, 77
因子の寄与率　73, 75, 151
因子の固有値　73
因子の抽出方法　73, 74, 77
因子の命名　74, 77
因子負荷量　74, 75, 77, 151
因子分析　16, 72, 74, 77, 143, 150
インタビュー（面接）　23, 26, 29, 79-91, 104, 126, 128, 129, 131, 134-137, 140, 141
インタビューガイド　81, 84-86, 88-91, 104, 118, 126, 132, 135, 140
インタビューガイドの作成　84, 91
インタビューガイドの修正　89, 91
インタビュー進行上の留意事項　85, 88
インフォームドコンセント　126, 128
VIF　71, 77, 150
SSK →科学知識の社会学
SSJ データアーカイブ　20
エスノグラフィー（民族誌）　106, 115, 136
エスノグラフィー的方法　94, 106, 119
エスノメソドロジー　115
エスノメソドロジーの会話分析　94, 115, 119, 136
SPSS　ii, 55, 59, 61-63, 69, 71, 73, 147
エディティング　44, 47
NFRJ →全国家族調査
MS →モデル・ストーリー
MN →マスター・ナラティヴ
オープンコーディング　99, 100, 102, 105, 118
オッズ比　69, 70, 77, 149

【カ行】

χ^2（カイ二乗）検定　52, 58-60, 64, 76, 147
回収率　30, 31, 44, 46, 124
回答の精度　30, 31
概念　10-13, 15, 16, 22, 102-107, 118, 119, 134-137, 140, 143
概念名　99, 102, 104, 118
会話分析→エスノメソドロジーの会話分析
科学観　ii, 1, 2, 6
科学知識の社会学（SSK）　6-8, 122
科学的説明　4, 5, 8, 10
確証的因子分析　72, 75, 77
加算尺度　14, 17, 143
仮説　4, 56, 57, 95, 96, 106, 107, 111, 118, 119
カテゴリー　12, 16, 50-52, 59-62, 68-70, 76, 77, 143, 148, 149

（ストラウスとコービンのコーディング法における）カテゴリー　100, 101, 103, 105, 118
カテゴリー変数　10, 12, 15, 16, 50-53, 58, 60-62, 68-71, 76, 77, 143, 147-150
カテゴリカルデータ　22
間隔尺度　13, 15, 16, 143
観測度数　59
疑似相関（擬似相関）　53, 55, 64-66, 68, 70, 71, 76
基準関連妥当性　15, 17, 143
期待度数　59
帰無仮説　5, 57, 59-63, 76
キャリーオーバー効果　41
行政調査　i, 20
共分散構造分析　72
共分散分析　70, 71, 77, 150
共変量　149, 150
拒否権保証の原則　125, 128, 132
グラウンデッド・セオリー・アプローチ　94, 95, 98, 105, 118, 136
クラマーの関連係数　60, 76, 147
グループインタビュー　81, 90, 91
クロス集計　51, 52, 55, 64, 76
クロス集計表（クロス表）　52, 147
クロンバックのα係数　15, 17, 75, 151
経験主義　2-4, 7
系統抽出法　36, 47
欠損値　44, 50
公開データ　20
交互作用　72, 77, 150
構成概念妥当性　15-17, 141, 143
構成（構造化）面接　81, 90
コーディング　51
（グラウンデッド・セオリー・アプローチの）コーディング（コード化）　82, 98, 99, 104, 105, 118, 119, 134, 136
（ストラウスとコービンの）コーディング法　99, 105
コード番号　83, 85, 88, 91, 130, 138, 140
国勢調査　i, 20, 21, 34, 36, 38, 51
誤差（標本誤差）　21, 32, 46, 56, 58
個人情報保護法　124
個人を特定できる情報　131, 132
固定因子　150
『〈子供〉の誕生』　111, 112
個別インタビュー　81, 90
個別面接法（訪問面接法）　28-31, 33, 43, 44, 46, 81, 124, 126

【サ行】

最尤法　73, 77, 150
参加観察→参与観察
参加者　83
参照カテゴリー　69, 70, 77, 149
三段論法　3
サンプリング（標本抽出）　31-35, 37, 44, 46, 47, 51, 53, 56, 59, 60, 63, 64, 82
（地域の全家屋を台帳とする）サンプリング　34
参与観察（参加観察）　23, 26, 79, 80, 90, 91, 126
JGSS→日本版総合的社会調査
シカゴ学派　106
自記式　28-31, 43, 72, 137
軸足コーディング　99, 100, 102, 105, 118
（ストラウスとコービンのコーディング法における）次元　102-104, 118

『自殺論』　3, 10-12, 66-68
自然発生説（論争）　6, 122
実験室の人類学　6-8
実証主義　2-4, 8
質的データ　ii, 16, 22, 23, 26, 79-81, 90, 93-95, 118, 133-135, 137, 139, 141, 153
質的方法　22, 23, 26
質問紙（調査票）　ii, 23, 28-30, 32, 34, 38, 39, 41-47, 72, 84, 126, 127, 129, 130, 132, 137-139, 144
（実物の）質問紙　38, 39, 47
（よい）質問紙　38, 84, 126
質問紙調査　23, 26-31, 46, 80, 81, 84, 123, 124, 126, 129, 138, 140
質問紙の作成　28, 38, 43
質問文　38-42, 45, 84, 137-140, 144
質問文の並べ方　40, 47
『死のアウェアネス理論と看護』　94, 95, 98
指標化　10, 12, 13, 16, 22, 143
社会調査士　124
社会調査倫理綱領（社会調査協会倫理規程）　124
尺度　10, 13-17, 22, 39, 42, 44, 47, 50, 51, 54, 62, 71-75, 131, 138, 143, 151
斜交回転　73
主因子法　73
重回帰分析　70, 71, 77, 149
集合調査法　28-31, 46, 126
従属変数（目的変数）　10, 12, 16, 52, 66-72, 76, 77, 143, 148-150
住民基本台帳　33, 34, 37, 46, 72, 124
自由面接　81, 90
主効果　72, 77, 150
順序尺度　13, 15, 16, 103, 143
承諾書　127, 128, 132
心性　111
心性史的方法　94, 111, 119, 136
信頼性　10, 14-17, 75, 141, 143, 152
スクリープロット　73, 77, 150
ステップワイズ　71
ストーリーライン　105, 119
『ストリート・コーナー・ソサエティ』　106-108
スノーボール・サンプリング　82, 91
正規分布　57
説明と同意の原則　125, 126, 132
説明文書　ii, 28, 126, 127, 129, 132, 144
説明変数→独立変数
説明力　70, 71, 73, 77
選挙人名簿　33, 34, 46, 124
全国家族調査（NFRJ）　20
全数調査　21, 31, 32, 46
選択コーディング　99, 101, 103, 104, 118
選択肢　13, 14, 38, 39, 41, 42, 44, 45, 47, 137-141
層化抽出法　36-38, 47
層化2段抽出法　38
相関係数（ピアソンの積率相関係数）　51, 53-55, 62, 63, 71, 73, 76, 148, 149

【タ行】

対象者（の）数　21, 32, 36-38, 44-46, 56-58, 63, 81, 82, 91, 125, 132
対象者の選び方　28, 31, 81
台帳　33-38, 44, 46, 47
対話的構築主義　133, 134, 137-139
他記式　28-30, 43, 137, 140
多元配置分散分析　70, 71, 77, 150

多項ロジスティック回帰分析　68, 69, 76
多重共線性　71, 77
多重比較　55, 61, 62, 76, 148
多段抽出法　33, 36, 37, 47
妥当性　10, 14-17, 143, 152
ダブルバーレル質問　39
多変量解析　66, 68, 70, 72, 76, 77
探索的因子分析　72, 73, 75, 77, 150
単純集計　50, 51, 75, 76
単純無作為抽出法（単純ランダム・サンプリング）　34-38, 47
逐語録　81, 89, 91, 99, 103-105, 118, 119, 130
知的財産保護　131, 132
中央値　50
中核カテゴリー　101, 103, 104, 118
調査員　28-30, 33, 34, 38, 43, 44, 50
調査員の質　29, 30
調査区　38
調査地点　38
調査票→質問紙
調整済み R^2　70, 71, 77, 150
著作権　131, 132
直交回転　73
t 検定　55, 60-63, 76, 148
データ対話型理論　94
データ（の）入力→入力
データベース　20, 21, 24, 26
テーマ　23-26, 84, 91, 128, 146, 152
テューキー法　62, 76, 148
電話法　28-31, 34, 46
同意書　127, 130, 132
統計的検定　5, 52, 55, 56, 58, 60-64, 76
（ストラウスとコービンのコーディング法における）特性　102-104, 118
（礼状を兼ねた）督促状　44, 47
独立変数（説明変数）　10, 12, 16, 52, 66, 68-72, 76, 77, 143, 149, 150
図書館　20, 24, 25
度数　46, 50
度数分布　46
留置法（配票調査）　28-30, 33, 43, 44, 46, 126

【ナ行】

内的一貫性　15, 17
二項分布　57
2 変数の関連の分析　51, 76
日本版総合的社会調査（JGSS）　20
入力　28, 42-47, 50, 69, 130, 147-149, 151
入力ミスのチェック　46, 47
認識文脈　96-98

【ハ行】

配票調査→留置法
バックアップ　46, 47, 88, 91
パラダイム　5-8
（ストラウスとコービンのコーディング法における）パラダイム　105, 118
パラダイム論　5, 6, 8
バリマックス回転　73
半構成（半構造化）面接　81, 90
反証主義　4, 5, 8
ピアソンの積率相関係数→相関係数
標準化（偏）回帰係数　70, 71, 77
標準偏差　50, 57, 58
標本誤差→誤差

標本抽出→サンプリング
標本調査　21, 31-34, 46, 56
比率尺度　13, 17, 143
フィールドノート　85, 88, 90, 91, 99, 118, 130
フィールドワーク　80, 90, 123
プライバシー保護の原則　125, 129-132
不利益最小化の原則　125, 126, 131, 132
プリコーディング　42, 43, 45, 47
プリテスト　43, 89
プロマックス回転　73, 77
文献検索　24-26, 39
文献検討　24, 26
分散　60-62, 151
平均値　13, 16, 17, 22, 44, 50, 51, 53, 57, 60-62, 143
平均値の差　51, 53, 55, 60, 62, 76
変数　10, 12, 15, 16, 45, 46, 50-53, 55, 59-63, 65-68, 70, 72, 75, 76, 134, 138, 139, 141, 143, 148-151
変数のコントロール　66
法則　4, 5, 10
訪問面接法→個別面接法
ホームページ　20, 21, 26
　（厚生労働省の）ホームページ　124
　（社会調査協会の）ホームページ　124
　（著作権情報センターの）ホームページ　131
　（統計数理研究所の）ホームページ　36
「保健室のエスノメソドロジー」　115
母集団　31-33, 35-37, 46, 51, 56, 58

【マ行】

マーケティング調査　i
マスター・ナラティヴ（MN）　134-141
マニュアル　34, 43, 45
民族誌→エスノグラフィー
名義尺度　13, 15, 16, 103, 143
メイキング　44, 47
命題　3-5, 8
面接→インタビュー
メンバーチェッキング　16, 137, 140, 141
網羅的な質問　84, 91, 135, 137, 140, 141
目的変数→従属変数
（多変量解析の）モデル　68-71, 77, 150
モデル・ストーリー（MS）　134-141

【ヤ行】

有意確率　56, 59-61, 63, 69, 70, 72, 76, 77, 147-150
有意義さの原則　125, 131, 132
有意水準　56, 59, 62, 76
有意抽出法　82, 91
有効回収率　32, 46
郵送法　28-32, 34, 43, 44, 46, 126
世論調査　i, 20, 31, 38, 41

【ラ行】

乱数表　35, 36, 47
リコーディング　51, 75
量的データ　ii, iii, 22, 23, 26-28, 49, 50, 75, 133, 134, 137, 139-141, 147, 153
量的変数　10, 12, 16, 50, 51, 53, 54, 60-62, 68-71, 76, 77, 143, 148-150

量的方法　12, 22, 26
理論　4, 5, 10, 12, 15, 16, 94, 118, 136-138, 140, 143
理論的サンプリング　82, 88, 91, 94-96, 103, 105, 118
理論的比較　103
理論的飽和　105, 106, 119
倫理　ii, 121-123, 131
倫理原則　122, 124, 131, 152
倫理審査　ii, 122, 124-126, 131
倫理審査委員会　124, 125, 128, 132, 152
録音機器　87
ロジスティック回帰分析　68, 69, 76, 149
論理実証主義　2-4, 8

【ワ行】

ワーディング　39, 40, 47, 89

著者略歴

儘田　徹（ままだ　とおる）

愛知県立大学看護学部教授。1985年慶應義塾大学大学院社会学研究科博士課程単位取得満期退学。愛知県立看護大学助教授、教授を経て、愛知県立大学との統合で2009年より現職。専門は社会学で、研究テーマは社会調査方法論、社会的ストレス研究など。
著書・論文に、『グローバリゼーションと日本の社会 第1巻 グローバリゼーションと家族・コミュニティ』（共著、文化書房博文社、2002年)、『社会学の饗宴 II 逍遥する記憶—旅と里程標—』（共著、三和書籍、2007年)、「異なる性役割態度の併存とその関連要因に関する検討」（共著、『国立女性教育会館研究ジャーナル』10号、2006年）などがある。

はじめて学ぶ社会調査
—リサーチ・マインドを磨く8つのレクチャー—

2012年10月31日　初版第1刷発行

著　者————儘田　徹
発行者————坂上　弘
発行所————慶應義塾大学出版会株式会社
〒108-8346　東京都港区三田2-19-30
TEL〔編集部〕03-3451-0931
〔営業部〕03-3451-3584〈ご注文〉
〔　〃　〕03-3451-6926
FAX〔営業部〕03-3451-3122
振替　00190-8-155497
http://www.keio-up.co.jp/
装　丁————土屋　光（Perfect Vacuum）
印刷・製本——萩原印刷株式会社
カバー印刷——株式会社太平印刷社

Printed in Japan ISBN 978-4-7664-1979-5